数字惠民
互联网应用适老化及无障碍实践优秀案例集
（2023）

中国信息通信研究院　中国互联网协会 ◎ 主编

人民邮电出版社

北京

图书在版编目（CIP）数据

数字惠民：互联网应用适老化及无障碍实践优秀案例集. 2023 / 中国信息通信研究院, 中国互联网协会主编. -- 北京 : 人民邮电出版社, 2024.6
ISBN 978-7-115-63828-1

Ⅰ. ①数… Ⅱ. ①中… ②中… Ⅲ. ①数字技术－应用－老年人－社会生活－案例－中国－2023 Ⅳ. ①D669.6-39

中国国家版本馆CIP数据核字(2024)第020219号

内 容 提 要

为深入贯彻《中华人民共和国无障碍环境建设法》有关规定，加快提升互联网网站、手机 App 适老化及无障碍水平，在工业和信息化部信息通信管理局的指导下，中国信息通信研究院、中国互联网协会认真总结互联网应用适老化及无障碍改造实践经验做法，组织编制形成本书。

本书分为手机 App 篇和互联网网站篇，聚焦线上平台功能的升级改造与线下服务模式的创新优化，共收录 38 个互联网网站、手机 App 优秀改造案例。案例主要围绕老年人/残疾人需求、功能创新、技术解决方案、用户实际体验等方面展开，全面展示了不同领域、不同类型的互联网网站、手机 App 在适老化及无障碍改造方面的探索经验及阶段性成果，为各相关单位、企业深入开展互联网应用适老化及无障碍改造工作提供有益参考。

◆ 主　编　中国信息通信研究院　中国互联网协会
　　责任编辑　赵　娟
　　责任印制　马振武
◆ 人民邮电出版社出版发行　北京市丰台区成寿寺路 11 号
　邮编　100164　电子邮件　315@ptpress.com.cn
　网址　https://www.ptpress.com.cn
　涿州市般润文化传播有限公司印刷
◆ 开本：787×1092　1/16
　印张：11.25　　　　　　　　　2024 年 6 月第 1 版
　字数：127 千字　　　　　　　2024 年 6 月河北第 1 次印刷

定价：49.90 元

读者服务热线：(010)53913866　印装质量热线：(010)81055316
反盗版热线：(010)81055315
广告经营许可证：京东市监广登字 20170147 号

主　编　李冠宇

副主编　徐志发　戴　炜

编写组　王　莉　黄　畅　雷　鸣　钟　睿　丁丽婷
　　　　周珂欣　曲佳宇　邓　涵　吴　萍　李少娣
　　　　李佳丽

面对快速变革的信息化时代，老年人、残疾人因为不会上网、无法便捷使用智能手机，难以享受数字化、智能化服务带来的便利。近年来，党中央、国务院高度重视老年人、残疾人运用智能技术困难的问题，工业和信息化部出台了一系列政策文件，采取有效举措，重点组织开展互联网应用适老化及无障碍改造专项行动，现已取得阶段性成果。当前，我国已有2577家老年人、残疾人常用的互联网网站、手机App完成适老化及无障碍改造，优化长辈模式、语音搜索、全键盘操作等适老助残功能，创新推出视频客服、无障碍影院、无障碍就诊等数字化适老助残服务，有效助力解决老年人、残疾人面临的"数字鸿沟"问题。

前期，按照工业和信息化部信息通信管理局有关部署要求，中国信息通信研究院、中国互联网协会在全国范围内组织开展"互联网应用适老化及无障碍实践优秀案例"征集活动。经自愿申报、地方推荐、专家评审、老年人残疾人满意度评价，遴选出44家互联网网站、手机App为首批互联网应用适老化及无障碍实践优秀案例。

本案例集收录了17家网站、21款手机App，共计38个老年人、残疾人较为满意的适老化及无障碍功能，覆盖新闻资讯、社交通讯[1]、生活购物、医疗健康、金融服务、学习教育、交通出行和政务服务八大生活高频场景，旨在推广通用设计理念与先进经验做法，从方法上启发思路，从模式上提供借鉴，从实践上引导创新，更好地满足老年人、残疾人深层次、多样化的信息交流需求。

本案例集在编写过程中参考了大量公开发布的相关资料，吸取了许多专家和同人的宝贵经验，在此向他们深表谢意。数字技术适老化产业发展日新月异，收集案例仅代表互联网应用当时适老化及无障碍改造的水平或能力，以兹行业应用发展借鉴。如有误漏之处，请广大读者批评指正。

---

[1] 社交通讯：《中华人民共和国无障碍环境建设法》用语，本书统一采纳这一名词。

目录

上篇 手机App

1 新闻资讯 …………………………………………………… 2
　案例1 智能听新闻提高听读新闻资讯效率 …………… 3

2 社交通讯 …………………………………………………… 8
　案例2 AI数字营业员模拟真人指导在线办理电信业务 … 9
　案例3 视频客服远程"面对面"指导 ………………… 13
　案例4 年龄识别自动指引帮助快速切换关怀模式 …… 18
　案例5 听文字消息解决网上聊天"不识字""看不见""看不清"问题 …………………………………………… 21
　案例6 表情无障碍增添视障人士在线聊天乐趣 ……… 25

3 生活购物 …………………………………………………… 29
　案例7 养老助餐数字化解决老年人"做饭难""吃饭难"问题 …………………………………………………… 30
　案例8 语音提示解决"不会操作""不会使用"等难题 … 35
　案例9 语音讲解商品图片帮助视障人士"听图购物" … 39

案例10	语音搜索商品解决网购"不会搜""打字易错""手写麻烦"问题	42
案例11	拼小圈打入老年社交战场，抢跑银发信息消费	47
案例12	无障碍影院与直播间助力障碍人士享视听盛宴	52

4 医疗健康　58

| 案例13 | 无障碍就诊多场景提高就医体验 | 59 |
| 案例14 | 电话问诊打破就医空间限制 | 64 |

5 金融服务　68

案例15	无障碍验证码"挥一挥"完成人机验证	69
案例16	AI全链路反诈智能语音对话提供实时反诈"叫醒"服务	72
案例17	无障碍身份验证助力视障人士独立操作验证身份	78
案例18	Aria低代码配置平台简化适老化及无障碍平台开发	83

6 学习教育　87

| 案例19 | 字体识别自动指引引导快速切换适老模式 | 88 |

7 交通出行　91

| 案例20 | 一键叫车解决"打车难"难题 | 92 |

案例21 导航振动提醒触感反馈助力安全出行　　　　95

下篇 互联网网站

1 新闻资讯　　　　100
案例1 无障碍视听辅助，让视障不再成为阅读屏障　　　　101
案例2 无障碍语音播报，随时调整新闻播报进度　　　　105

2 社交通讯　　　　108
案例3 关爱专属版本，让电信服务既有速度，更有温度　　　　109
案例4 "温馨助老"+"积极助残"功能，助力老年人、残疾人拥抱互联网　　　　113
案例5 "关怀版"多终端体系，实现不同终端访问"关怀版"网站　　　　118

3 政务服务　　　　122
案例6 大鼠标、十字光标与键盘操作，解决"看不清"鼠标指针问题　　　　123
案例7 智能读屏功能，实现从"看信息"转变成"听语音"　　　　127
案例8 "大字版"网页文字及智能布局功能，解决老年人浏览信息困难　　　　131

案例9	老年人服务专区，便利老年人在线办理专属业务	134
案例10	适老化服务站群体系，降低老年人入网学习成本	137
案例11	智能导航功能，提升老年人操作效率	142
案例12	大字显示屏解决"看不清""不认识""不流畅"问题	145
案例13	主题服务，构建老年人政务服务"绿色通道"	149
案例14	打造全体系网站智能化辅助工具，全面提升老年人的访问体验	153
案例15	构建逻辑清晰、易学易用的人机交互友好界面，消除访问障碍	158

4 残疾人组织　　163

| 案例16 | 提供友好的交互操作，实现易用的用户体验 | 164 |
| 案例17 | 桌面绿色通道，使残疾人从桌面直达网站 | 168 |

上篇

[手机App]

上篇 手机App

扫一扫，请听本节内容

案例 1
智能听新闻提高听读新闻资讯效率

需求背景

调研发现，新闻资讯是老年人最喜欢的移动应用之一。但对一些"不识字""看不见""看不清"的老年人来说，阅读大量文字容易使眼睛疲劳，他们更喜欢以传统收音机的形式"听新闻"。而对视障人士来说，一般的读屏软件没有进行针对性优化，朗读速度较慢，视障人士往往需要花很长时间才能将页面信息听读完全，接收信息的效率相对较低，尤其是在需要大量接收文字信息的听读新闻场景会更加吃力，亟须通过"听新闻"的形式来满足其需求。

解决方案与功能创新

立足老年人或视力障碍人士在上网浏览新闻时的需求，我们按照有关标准规范，支撑和指导新闻资讯类手机App开展适老化及无障碍改造。相关手机App重点围绕页面字体大小、内容行距、文字转换语音等方面，探索技术创新，完成功能优化。经专家评选及老

3

年人、视障人士评测，腾讯新闻网站和App推出的智能听新闻功能较为突出，其通过AI语音技术帮助老年人、残疾人实现"一键听新闻"，有效解决"看不见""看不清""语音朗读速度慢"等痛点问题，取得了良好的应用效果。

1.便捷切换朗读速度。 老年人、残疾人可根据自己的习惯，切换0.7、1.0、1.2、1.5这4种速度播放新闻。

2.轻松切换朗读声音。 老年人、残疾人可根据自己的偏好，选择使用男声或者女声朗读新闻。

3.语音输入发表评论。 老年人、残疾人可通过语音输入一键发表评论与看法，克服"不便打字""不会打字"的困难，增加互动乐趣。

技术应用

智能听新闻功能的技术原理是通过超文本标记语言（Hyper Text Markup Language，HTML）解析技术，将新闻里的文本内容信息和样式信息分离，进而提取文本内容信息，并按段落和语句粒度做细粒度的拆分，后将拆分的语句通过云端的文本—语音转换（Text to Speech，TTS）技术，实时将新闻的文本内容转化成可朗读的语音，即刻播放给用户。得益于高性能的TTS技术和多线程预处理技术，这些任务可并线执行，在短时间内实现海量文本的处理、转化，以及用户侧的实时收听，且支持随意调整语音的播放速度。此外，为了满足视障人士的需求，腾讯新闻创新整合了手机操作系统的"无障碍读屏技术"与"听新闻TTS技术"，帮助视障人士实现"听新闻"。

语音发评论功能的技术原理是通过语音识别技术（Automatic Speech Recognition，ASR），帮助视障人士和老年人不用打字、直接通过语音说话的方式发表评论，极大地降低了视障人士和老年人上网互动的门槛，帮助他们更好地参与到互联网中。

使用体验

1.有关数据显示，智能听新闻功能日均访问量超过11万次。

2.河北省衡水市某视障人士接受采访时表示："在手机读屏功能出现之前，我无法阅读任何新闻资讯，只能让家人帮忙阅读。后来有了读屏功能，但是阅读速度慢、效率低，而且很多无用的信息都读出来了，使得信息非常混乱。现在，智能听新闻功能可以倍速读新闻，我想看新闻的时候不用再找人帮忙了，可以自己独立操作获取准确、高效的信息资讯，比以前方便了许多。"

腾讯新闻关怀版AI读新闻

上篇 手机App

腾讯新闻关怀版倍速读新闻

腾讯新闻关怀版AI变声读新闻

腾讯新闻关怀版语音发评论

2 优秀案例
社交通讯

上篇 手机App

扫一扫,请听本节内容

案例 2

AI数字营业员模拟真人指导在线办理电信业务

需求背景

数字化为我们的生活带来大量便利,但对于不少老年人、残疾人来说,使用智能手机却给他们的生活造成了许多不便。例如,有的老年人打基础电信企业的客服电话,无法理解智能机器客服的提示;不会使用智能手机,听不明白语音提示;老年人不会登录,不懂操作,无法完成线上缴费等。调研发现,老年人、残疾人更习惯与人对话而非与"机器"对话,如果有工作人员在线指导,则可大幅提升操作的效率。

解决方案与功能创新

针对老年人、残疾人线上办理电信业务过程中遇到的"理解难""操作难"等问题,结合其日常生活习惯,我们支撑和指导电信运营商手机App开展适老化及无障碍改造。相关手机App探索新一代信息技术在适老助残场景的融合应用,发挥人工智能、大数据等技术优势，推出一系列新功能、新服务。在办理电信业务的场景下，中国电信手机App上线AI数字营业员，可以实现无障碍全业务语音识别、仿真人全息互动，有效满足老年人在线办理业务的多样化需求，受到广泛好评。

1.一键接入人工客服。65岁以上老年人使用中国电信App时，通过App转人工服务可以实现"一键接入"，跳过烦琐的步骤，更便捷、更省心。

2.随时随地响应需求。中国电信数字人"筱翼"24小时全天候在线，可以不分时段、随时随地响应用户需求，与人工客服形成有效互补。"筱翼"采用虚拟数字真人的形象，生成与用户互动的生动场景，使老年人在线办理业务时倍感亲切，体验熟悉的线下办理业务的氛围。

3.提供专属暖心服务。中国电信以模拟的真实人物形象为基础，以智能AI的算法为工具，通过积累的数据，分析用户的行为习惯。在理解分析老年人诉求的基础上，对接搜索系统、客服知识库、视频直播库等多方内容库，智能推送老年人需要的功能。

4.业务办理更加便利。部分以往要去线下营业厅办理的业务，目前可以通过"筱翼"远程柜台、视频办理等方式完成，为老年人提供了极大的便利。

技术应用

AI数字营业员功能的技术原理是，当用户与AI数字营业员互动时，AI数字营业员运用自然语言处理（Natural Language Processing，NLP）、计算机视觉（Computer Vision，CV）技术和虚拟形象生成等关键技术接收问题或需求，并进行分析处理。

首先，AI数字营业员系统会通过NLP对用户的问题或需求进行分析，理解其中的语义和关键信息。其次，AI系统会根据预先设定的业务规则和知识库，为用户提供相应的解答或解决方案。这一过程实现自动化、高效化处理，大幅提升了服务效率和用户体验。在此过程中，特别利用CV技术，将用户的问题和需求与2D虚拟数字真人形象相结合，生成与用户互动的生动场景。通过将NLP和CV相结合，为老年人、残疾人等用户提供真实感强、互动性好的"沉浸式"体验。

此外，AI数字营业员还可以根据用户的反馈和行为数据，持续优化和提升自身的服务能力，使得AI数字营业员不断迭代升级，更好地适应不同用户的需求，提供更精准、更贴心、更有针对性的服务。

使用体验

1.AI数字营业员支持形象定制、意图识别、互动能力和服务搜索四大核心功能。自上线以来，每日为30万用户提供便捷的线上服务，该功能用户量月增长达16%，是中国电信App增长最快的用户功能。

2.北京市海淀区的电信用户李阿姨体验后表示:"使用手机办业务时,有不懂的就直接和这个'好朋友'说就行,她竟然都能听懂,我们老年人办业务更方便了!""无论是查流量还是充话费,只要对这个'好朋友'说,都能帮我办理好,我真心感受到科技发展给我们老年人带来的帮助!"

中国电信AI适老模式

中国电信AI数字营业员

上篇 手机App

扫一扫,请听本节内容

案例3

视频客服远程"面对面"指导

需求背景

数字技术的发展给人们的生活带来了便捷,但对于老年人而言,在使用智能通信设备的过程中,仍存在需要通过层层导航获取所需服务的困难。例如,老年人在查询信息时,看不懂菜单引导,不知道如何充话费、换套餐、办业务等;家庭宽带、路由器出现故障,老年人的子女不在身边,不知道应该向谁求助;老年人居住地区较为偏远,周围缺少营业厅,不方便在办理业务时完成人证比对等。调研发现,老年人更习惯传统"面对面"办理业务的方式。

解决方案与功能创新

为解决老年人在使用智能手机办理电信业务时遇到的问题,我们支撑和指导基础电信企业运用数字技术手段实现远程"面对面"服务模式,打造适应老年人需求的助老场景,使老年人可以更方便地获得帮助和支持，享受更便捷、高效的服务体验。中国移动推出视频客服功能，为老年人提供"看听说"一体的崭新、暖心服务，帮助老年人通过视频电话轻松在线办理电信业务。

1.首页一键打开功能。 在中国移动App关怀版的首页，老年人就能看到"九宫格"核心业务中的语音客服和视频客服功能，点击一下即可直接接入中国移动的客服语音电话或视频服务。

2."看听说"服务一体化。 中国移动视频客服让老年人易理解、易操作。通过视频电话，老年人根据画面菜单引导，不需要等待播报音，即可按屏幕内容引导查询想查的服务信息，快速完成查话费、换套餐等业务的办理。

3.在线办理复杂业务。 以往需要办理停复机等安全性要求较高的业务时，必须用户本人到营业厅，中国移动针对老年人推出视频客服功能后，老年人只需点击视频客服，足不出户就能校验信息、办理业务，有效减少操作和等待时间，让一些原本需要去营业厅办理的复杂业务，也能在家安全、便捷地办理。

技术应用

视频客服功能的技术原理是通过实时通信（Real-Time Communication，RTC）技术实现流媒体数据的传输，高效解决互联网数据传输过程中网络复杂、时延敏感、实时音视频流畅度及清晰度较低、运营成本较高等问题，实时、快速连接中国移动App及人工客服系统两端，跨时空实现用户与坐席人员"面对面"沟通。具体来说，一方面，通过构建创新型点对点连接模式，实时支持客服和用户之间的文字、语音、图片、视频等复杂内容的交互，提升了沟通的时效性和便捷性；另一方面，升级基础视频功能，在部分业务场景中融入人证一致性校验等AI能力，实现用户接口授权以及对业务全流程有效性和安全性的强校验，为老年人打造了安全的线上业务办理场景。

总体上，中国移动创新打造统一资源动态调度系统，以技术驱动客服能力建设，建立并完善全渠道、全过程、全天候的"三全"服务模式，通过通信能力负载均衡，根据坐席忙闲度进行智能调度，保证用户高效、快速、精准地接入人工服务，切实为老年人提供更贴心、更便捷的线上服务。

使用体验

1.有关数据显示，中国移动App关怀版月均服务628.1万人次，其中视频客服功能月均服务16.6万人次。

2.浙江省杭州市某老年人接受采访时表示："我使用了10086视频客服远程排障后，解决问题的速度大幅提升。以往家里遇到宽带、路由器等设备故障，我需要等待装维师傅上门，短则几个小时、长则十几个小时。如今，有了10086视频客服，客服人员可以远程诊断故障，5～7分钟就能解决电视机顶盒、光猫类的故障，真是太方便了。"

中国移动关怀模式提供
语音和视频客服服务

中国移动视频客服为老年人提供
"面对面"服务

中国移动银发专席

扫一扫，请听本节内容

案例 4

年龄识别自动指引帮助快速切换关怀模式

需求背景

尽管许多手机App已经完成了适老化改造，并推出"长辈模式""关怀模式""无障碍模式"等，但很多老年人反映，从普通模式切换到适老模式的过程十分复杂，例如，从App首页进入关怀模式需要3~5个步骤，或者难以找到长辈模式的入口，这给本就数字技能不足的老年人带来了更多的困惑。老年人普遍反映，手机App应当简化"长辈模式""关怀模式"的开启路径，最好能实现"一键进入"。

解决方案与功能创新

为解决"关怀模式"难找的问题，我们支撑和指导电信运营商运用大数据等先进的技术手段，实现手机App适老模式的快速切换，帮助老年人简化操作流程，使其能够更轻松地使用这些应用程序。中国联通推出年龄识别自动指引功能，帮助60岁以上的老年人解决找不到App"长辈模式""关怀模式"入口的难题，进一步提升老年用户的体验。

1.自动识别年龄。用户首次打开App时，系统根据在后台登记的入网身份证自动识别年龄层，向60岁以上的老年人推送弹窗提醒，询问是否开启关怀模式。

2.指引设置模式。60岁以上的老年人在App系统的指引下，点击"前往设置"，即可开启关怀模式。

技术应用

年龄识别自动指引功能的技术原理是，一方面引入事件总线机制，该机制可实现在App内部的全局通知；另一方面在用户启动App时，检测应用的生命周期事件，当检测用户属于超过60周岁的老年人时，系统会利用事件总线发送全局通知。应用此技术后，当老年人打开App时，平台能够准确捕获这一通知，并第一时间弹出关怀模式的自动引导，为老年人进入关怀模式节省了大量学习成本和切换时间，极大地提高了老年人的操作效率。

使用体验

1.中国联通关怀模式上线至今，月均为11万60岁以上的用户提供上百万次服务，60岁以上的用户大多通过弹窗自动导引的方式进入关怀模式。

2.北京市海淀区某接受采访的老年人表示:"我听说很多手机App都设置了适合我们老年人使用的版本,但是我根本不知道该怎么设置,我的孩子也不一定知道如何设置。用联通这个App,我第一次点进去就自动问我要不要打开老年人关怀模式,我跟着指引点两下就完成设置了,很方便。"

中国联通关怀模式导引功能

上篇 手机App

扫一扫，请听本节内容

案例5

听文字消息解决网上聊天"不识字""看不见""看不清"问题

需求背景

许多不认识字或看不清楚字的老年人在使用互联网时遇到了很多障碍。例如，社区微信群发布的各项通知通常都是文字消息，老年人接收、阅读较为费力；学校微信群通常发布文字通知，一些老年人不能及时了解孙子辈的学习和生活情况；在家族微信群，年轻人更喜欢打字聊天，部分老年人不识字、看不懂，很难参与讨论。而视障人士在使用微信时则遭遇"看不见"或"看不清"文字的障碍，难以享受便捷的即时通信功能。调研发现，老年人和视障人士在即时通信方面，最大的阻碍之一就是对文字消息的接收和阅读，亟须通过技术手段予以有效解决。

解决方案与功能创新

面对老年人和视障人士在接收、感知文字消息方面遇到的困难，我们支撑和指导即时通信类手机App进行适老化及无障碍改造，探索运用先进的语义识别、TTS等信息技术，实现文本朗读功能。经过专家评选及老年人、视障人士评测，微信推出的听文字消息功能，可以有效帮助老年人、视障人士等解决在线通信时"看不见""看不清""不识字"的难题，获得用户的一致好评。

1. 功能界面易开启。最新版的微信可通过"设置→关怀模式→听文字消息"，开启听文字消息功能。开启后，轻触"单聊""群聊"中的文字消息，即可听到朗读，老年人不需要进入其他页面，路径简单，效率高，对于老年人更适用。

2. 功能名称易理解。听文字消息功能正式上线前，微信团队的工作人员进行了可用性测试。该功能最初命名为"朗读文字消息"。在调研过程中，不少老年人看到"朗读文字消息"这个名字时，以为需要他们本人去朗读，没有理解本功能的真正意义。工作人员经过多番测试发现，和"朗读"相比，"听"更直接、更易懂，故功能名称改为听文字消息。

3. 朗读声音易听清。微信对于朗读文字的声音专门做了优化。考虑随着年龄的增长，人们的听觉器官对高赫兹部分的识别能力会退化，而男声声音的赫兹相对女声声音的赫兹更低。听文字消息功能采用醇厚适速的男声读出文字内容，老年人更能听得清。

技术应用

听文字消息的技术原理是通过NLP和TTS，实现文字消息和语音之间的转换。当用户在微信中发送文字消息时，微信会将这些文字传送到服务器上的NLP系统。NLP系统会分析文字消息的内容，理解其中的语法和语义，并将其转化为可以朗读的语音内容。一旦文字被成功转化为语音内容，TTS系统接管任务。TTS系统会根据文字内容生成自然流畅的语音，然后将其传送回用户的设备播放出来。这一系列过程几乎在瞬间内完成，使得用户能够即刻、实时听到朗读的消息。

使用体验

1.有关数据显示，目前已有4615万用户开启了微信"关怀模式"，2295万人使用了听文字消息功能。其中，听文字消息功能每天读出12亿字，累计读出约2531亿字。

2.北京市西城区某接受采访的老年人表示："原来我孙子的幼儿园老师在微信上跟我们说孩子在幼儿园哭了闹了、缺个什么物品的，我都看不懂，也不知道到底要给孩子上学准备什么，现在只要点一下老师说的话，就能听明白老师说什么，和老师微信沟通都没有问题了。""年轻人在我们一大家子的群里发消息，我不识字，不知道他们在说什么。现在好了，他们在群里发消息的时候，我轻轻点一下，就能听清楚他们在说什么，我还能给他们发语音，我和孩子们的感情也越来越好了。"

微信听文字消息功能

上篇 手机App

扫一扫，请听本节内容

案例6

表情无障碍增添视障人士在线聊天乐趣

需求背景

视障人士通过手机App聊天时，经常会接收表情符号或表情图片，但传统的无障碍功能无法将表情符号或表情图片转化为视障人士可接收、可理解的信息。例如，现在的年轻人喜欢用表情包聊天，但是视障人士收到表情包时，读屏软件会读取为空信息，导致视障人士误以为受到对方的戏弄，给其带来较大的困扰；视障人士在聊天时，想通过表情符号来表达自己的心情，却因看不清楚表情符号而无法发送。视障人士在使用QQ聊天时，遭遇"看不清""听不懂"表情符号或表情图片的障碍，给他们日常沟通交流带来较大的困扰，亟须升级有关的无障碍功能，帮助他们在聊天过程中感受表情包带来的乐趣。

解决方案与功能创新

一般情况下，手机系统自带的辅助工具无法识别表情符号和表情图片，使得视障人士在线上聊天中交流受阻。为此，我们支撑

25

和指导即时通信类手机App进行适老化及无障碍改造，运用图像识别、辅助读屏等技术实现图片表情识别及朗读功能。QQ成功推出表情无障碍功能，该功能有效解决视障人士"看不见""看不清"表情的问题，打破视觉障碍对交流的限制。

1.功能易开启。视障人士在使用读屏软件时，通过"打开QQ→点击表情包→轻轻下滑"，即可听到表情包的文字播报内容。

2.表情易读取。在无障碍模式下，QQ每个经典黄脸表情符号都拥有独立的无障碍焦点，视障人士能以触摸形式感知每个表情符号。针对表情图片，点击图片，会自动读取表情图片上的文字或表情图片的名字，便于视障人士在聊天窗口中收听到更多的消息。

3.表情易发送。视障人士能以触摸的形式感知每个表情符号或表情图片，也可以通过滑动切换的方式来遍历各个表情符号或表情图片。每个表情符号或表情图片在无障碍模式下都可被选中及发送。

4.表情更丰富。除了之前已优化的QQ经典黄脸表情支持朗读，QQ还支持当下流行的表情图片、动图表情朗读，若表情上有文字，将识别和朗读表情的名字，便于视障人士在聊天窗口中收听到更多的消息。

技术应用

QQ表情无障碍功能的技术原理，一是对经典黄脸表情

（emoji）、动态图表情及表情商城等进行无障碍优化，通过增加描述字段，让视障人士仅通过辅助读屏工具即可读出表情的含义；二是对用户自定义表情控件进行技术优化，使用光学字符识别（Optical Character Recognition，OCR）对自定义表情上的文字自动识别，帮助视障人士准确理解对方发送的自定义表情。目前，所有在QQ表情商城中下载的表情，以及通过表情联想功能发送的表情，均已支持无障碍模式下的读取和发送，帮助视障人士"听"懂表情。

使用体验

1.调研时发现，近半数的受访视障人士，日常高频使用表情无障碍功能并给出好评，"害羞""酷""抓狂"是视障人士频繁使用的表情。

2.正在读大学的某视障人士接受采访时表示："网上聊天的时候用表情包'斗图'很有意思，但是我以前没法使用这个功能。现在QQ完成表情无障碍功能优化后，我下载了很多情侣表情包，可以在和我女朋友聊天的时候使用。虽然看不到，但是轻轻一点，我就能够听到她发过来的表情包，我也能够给她发表情包。以前不好意思说出口的话，现在都能通过表情包说出来。"

3.后天失明的某英语老师接受采访时表示："过去QQ表情无障碍适配还不全面时，读屏软件只能识别到经典黄脸表情，会把一些对方发来的自定义表情读取为空信息，经常会感到尴尬和迷茫。现在QQ升级之后，在网上聊天更加方便顺畅，表达情绪就更生动了。"她表示："如今在QQ上与学生交流时，能够更加轻松地读取和发送表情包，像'打call'之类网络流行语，也能通过发表情来表达自如了。"

QQ表情无障碍功能

3 优秀案例
生活购物

扫一扫，请听本节内容

案例 7

养老助餐数字化解决老年人"做饭难""吃饭难"问题

需求背景

受自身身体机能下降、社交范围缩小等因素的影响，部分老年人面临"做饭难""吃饭难"等问题，特别是对于高龄、孤寡、空巢和失能老年人而言，如何解决一日三餐是他们面临的最大难题。例如，孤寡、空巢老年人做一次饭要吃两三天；部分老年人还面临收入偏低、生活困难等问题，吃饭依靠政府补贴。调研发现，老年人使用手机App订餐较为少见，数字技术并未发挥其应有作用，亟须升级服务模式，助力解决老年人"做饭难""吃饭难"等问题。

解决方案与功能创新

为满足老年人的日常订餐需求，提供多元化、更便捷的订餐方式，充分发挥数字技术赋能作用，我们支撑和指导本地生活类手机App推出线上订餐服务功能，逐步实现养老助餐数字化。饿了么推出养老助餐数字化服务，结合政府补贴和企业配餐，充分发挥线上线下优势，为老年人就餐提供便利，得到了老年人的广泛认可和青睐。

1.便利用餐方式。在试点项目中，政府与饿了么共建专用订餐平台，推出"网络平台+驿站+第三方膳食营养评估+数据跟踪反馈"的老年餐服务模式，老年人可以通过此模式享受老年餐"专属订购"服务。试点项目选取区内驿站与饿了么签约，筛选驿站周边3000米以内符合标准的餐饮供应商，为辐射区域内的老年人提供"外卖式"的助餐服务。老年人可以选择将餐食打包至驿站，自行前往领取或由驿站配送，也可在饿了么企业版自行点餐，由外卖骑手配送至家中。

2.便捷支付方式。考虑到老年人的特殊情况，饿了么开发了"饭票"功能，由驿站将老年人存储的金额转换成"饭票"，方便老年人在线支付。

3.扩大宣传培训。为了让更多居民了解此次活动，各街道通过不同的形式进行推广。例如，开展入户宣传、开设公益课堂教老年人使用养老助餐数字化服务功能点餐、线上建群回应老年人在点餐过程中遇到的问题。

4.提高配送激励。北京市西城区还在部分街道开展新的试点，将养老驿站功能与"外卖驿站"整合，通过服务兑换的方式，例如，外卖员配送一定数量的老年餐可以在驿站兑换一份餐食，以此鼓励更多外卖员参与到老年餐的配送中来。

技术应用

饿了么通过建设"网络平台+驿站+第三方膳食营养评估+数据跟踪反馈"老年餐服务模式，实现养老助餐数字化。通过技术链路建立西城区管理平台账户，将老年人、商户、西城区各街道养老助餐点进行数据链接，在西城助餐服务数字化试点中初步形成外卖点餐、团餐预订、到店堂食3种便捷助餐服务模式，完成餐饮供应商线上化、供应商设置与配餐、驿站入驻配置与用户数据导入、用户订餐消费、平台及驿站餐饮供应商间的对账与结算5项试点实践，为老年人提供到店就餐和助餐服务的同时，依托社会化的助餐平台，开通老年助餐线上服务，丰富老年餐的品种和供餐方式，力争实现"做饭难有人做，做饭难有人帮，取餐难有人送，营养餐有人供"。

使用体验

1.在养老助餐数字化试点期间，北京市西城区72家驿站、助餐点、机构和146家社会餐饮企业入驻饿了么App长辈版，为相关居家老年人提供助餐服务。

2.北京市西城区某接受采访的老年人表示："我自己腿脚不太方便，现在用饿了么这个针对老年人的送餐服务，在网上选了我想吃的东西以后，不到30分钟就收到了热乎的饭菜，还比平时少花了5元。现在不用张罗买菜做饭了，也不用外出了，轻轻松松地吃上了热乎饭。"

上篇 手机App

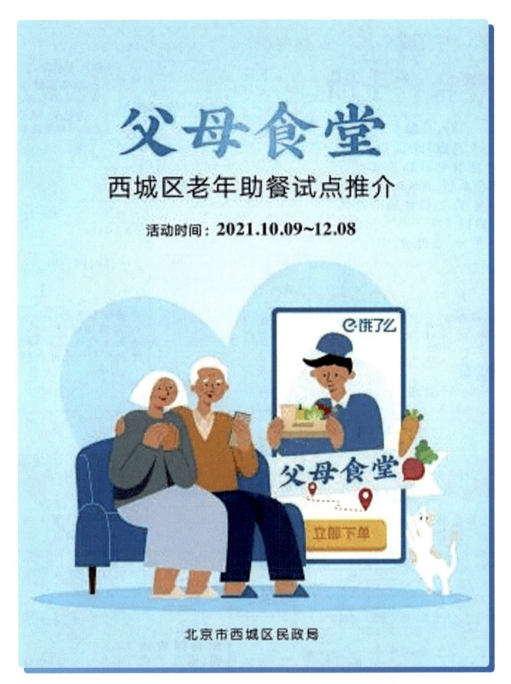

饿了么与西城区政府联合推出"父母食堂"

饿了么数字化助餐平台在线点餐流程

上篇　手机App

扫一扫，请听本节内容

案例 8

语音提示解决"不会操作""不会使用"等难题

需求背景

老年人、视障人士在使用互联网等智能技术时容易遇到困难，他们的娱乐文化生活更是鲜少受到关注。例如，对广场舞老年爱好者和热爱戏曲的老年人来说，他们在使用音乐类手机App时经常遇到操作不便的难题，需要子女协助；对于视障人士来说，因看不清音乐类手机App操作界面，许多复杂的程序操作都无法完成，难以像普通用户一样选取自己想听的歌曲，享受美妙音乐带来的愉悦。

解决方案与功能创新

为了丰富老年人、残疾人的数字文化生活需求，我们支撑和指导音乐类手机App进行适老化及无障碍改造，运用TTS技术实现语音引导，并对App的功能体验进行全面优化。酷狗音乐上线的语音提示操作功能，有效帮助老年人、视障人士解决不会操作、不会使用的问题，让他们真正体验到人性化、品质化、便捷化的数字娱乐服务，确保每个人都能享受到科技带来的便利和乐趣。

1.简单操作手势。老年人、视障人士可以根据手机语音提示，进行简单的滑动、点击屏幕，避免了复杂的操作过程，轻松聆听自己喜爱的音乐。

2.持续优化升级。酷狗音乐通过有奖问卷、QQ群反馈问题等方式，定期调研老年人、视障人士的使用体验，积极倾听用户的声音。根据问卷调研情况，定期解决广大用户反馈的问题，持续优化酷狗音乐无障碍功能。

技术应用

酷狗音乐语音提示操作功能的技术原理是，通过适配Android和iOS应用的辅助功能接口，对应用中的控件进行无障碍接口支持。当老年人、视障人士使用屏幕阅读器浏览应用时，读屏软件可获取应用内的信息，并通过TTS技术将相关信息以语音的形式播报给用户。通过适配触摸浏览、手势操作功能（例如，双击激活、单指滑动切换焦点、三指滑动滚屏等手势），使应用能够根据用户的手势做出正确的响应。

使用体验

1.有关数据显示，酷狗音乐无障碍功能的用户量超过33万。

2.广东省盲人协会副主席陈阳在谈到"信息无障碍"时表示:"视障人士是一个很庞大的群体,科技的发展也应该惠及视障人士的生活。这次酷狗音乐研发的'信息无障碍'功能,极大地降低了视障人士使用App的难度,拉近了音乐与他们的距离,点亮了他们的世界。"

3.酷狗音乐某视障用户接受采访时表示:"以往使用音乐产品对我来说是一种困扰,因为我无法看见手机屏幕上的内容。现在酷狗音乐做到了无障碍支持,让我可以使用屏幕阅读器准确获取应用的信息。无论是浏览不同页面,还是搜索、切换歌曲,都可以通过语音提示来了解和操作,让我可以轻松地享受音乐带来的愉悦。""酷狗音乐的语音提示操作不仅让我能够自如地使用音乐产品,而且增强了我与其他用户之间的互动和社交的可能性。在音乐社交平台上,我可以使用简单的手势来浏览评论、点赞等,并与其他用户进行交流。这个特点不仅让我感受到音乐社区的融合,也让我更加乐于分享和参与音乐世界。"

酷狗音乐语音提示操作功能

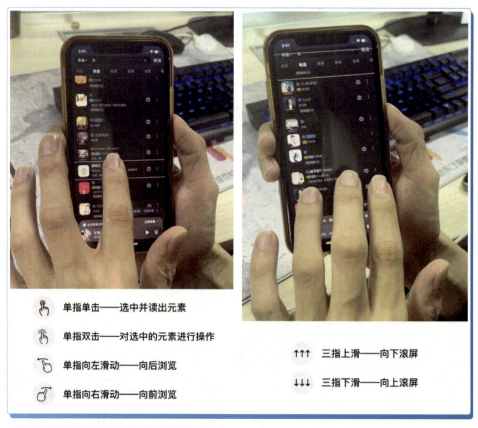

酷狗音乐操作手势

上篇 手机App

扫一扫,请听本节内容

案例 9

语音讲解商品图片帮助视障人士"听图购物"

需求背景

调研结果显示,在购物类手机App中,平均每个商品详情页的图片数高达40张,图片信息在购物体验中已经变得越来越重要。但对视障人士来说,传统的读屏软件只能朗读文字信息,帮其了解商品详情还存在较大难度,往往需要亲人朋友的帮助,才能做出购物选择并完成线上操作。因此,如何接收并"理解"商品详情页中的图片信息,成为广大视障人士的紧迫需求。

解决方案与功能创新

为了解决视障人士在网络购物时面临的困难,我们按照相关标准规范,支撑和指导购物类手机App进行适老化及无障碍改造,实现了语音讲解等功能。淘宝App推出的语音讲解商品图片功能采用行业领先的读光OCR技术,帮助视障人士直接识别图片中的文字信息,并结合读屏软件功能,提供语音讲解商品详细信息的服务,让视障人士在购物过程中感受到更大的便利和温暖。

1. 精准识别图片中的文字信息。 语音讲解商品图片功能使原本只存在于图片里的衣服款型、面料、清洗及保养手法等信息，都能进行语音转化，实现"听图购物"。

2. 轻松点击操作简单。 视障用户使用淘宝App时，在打开读屏软件的情况下，只要手指划过相关页面和商品，手机就会准确地读出图片信息，不需要在淘宝App中进行额外的设置。

技术应用

语音讲解商品图片功能的技术原理是，通过OCR技术，对图像文件进行分析识别处理，并获取其中的文字及版面信息。在该技术的加持下，淘宝App具备了自动识别图片的能力，能够快速精准识别商品信息图片中的字符，并对淘宝电商海量图片的内容核查场景进行特定优化，可以精准输出文字内容及坐标，极大地提升识别效率，帮助视障人士乐享网上购物生活。

使用体验

1.据估算，视障群体平均每天在淘宝App购物超过8000单，OCR可将识别图片的平均时间降到0.25秒，整体识别准确率高达98.8%。有关数据显示，OCR累计处理图片超过3亿张，日均处理图片25万张，每月为视障人士处理800万张图片。

2.浙江省杭州市某视障人士接受采访时表示:"以前,我网购需要家人和朋友的帮忙,例如我买衣服不知道颜色和尺寸,传统读屏软件识别不了。这个读光OCR技术能够读出很多商品图片中的文字,我只要点击一下图片,再按语音指示触碰购买就可以了。我现在能够自己网购,感觉到自己是比较独立的,也是很有尊严的。"

扫一扫，请听本节内容

案例 10
语音搜索商品解决网购"不会搜""打字易错""手写麻烦"问题

需求背景

随着"银发族"逐渐触网，在电商消费中遇到困难的老年人也同步增多。调研发现，多数老年人存在"不会搜""打字易错""手写麻烦"等难题，有时会选择求助亲友，但更多的时候选择直接放弃。例如，高龄独居老年人因行动不便想要网购，但不懂计算机和智能手机如何操作，无法找到自己想要的商品，只能用座机打电话向客服求助；还有部分老年人尝试使用电商平台，但不懂如何搜索、打字易错，无法找到自己想要的品类。在数字时代，如何帮助老年人解决上述问题，成为购物类手机App亟须解决的问题。

解决方案与功能创新

为解决老年人难以使用拼音输入、搜索等功能的问题，结合老年人的日常使用习惯，我们支撑和引导购物类手机App进行适老化及无障碍改造，通过智能语音技术实现商品自动搜索，帮助老年人更好地进行网络购物。淘宝App推出智能语音搜索商品功能，更加符合老年人的日常使用偏好，购物体验更便捷、无障碍。

1.功能便捷开启。通过"我的→设置→长辈模式"打开长辈模式后，语音助手入口就在长辈模式首页，点击"按住说话搜一搜"即可开启功能。

2.拟人智能助手。淘宝App将"语音搜索"功能升级为智能助手"淘小宝"，以拟人化的形式为老年人提供主动关怀和帮助服务。例如，通过"您好，想找什么款式的衣服，可以跟我说哦"进行商品推荐指引，通过"今天还有肥料未领取哦"提示任务，通过"您有宝贝已发货，去看看到哪里了"提示查看物流信息，为老年人提供更亲切的服务。

3.简化模块名称。根据老年人的日常使用习惯、行为特征对淘宝App信息进行精简、优化，便于老年人理解和感知。用"按住说话搜一搜"代替"长按使用语音搜索"，"宝贝评价"改为"购买后的评价"，"买家秀"改为"买家拍的照片"。口语化、生活化的文案表达，既亲切又易于老年人理解。

4.实景实时引导。为帮助老年人快速理解操作步骤，淘宝App用实景照片代替插画，尽量明确详尽表述功能需要如何操作，降低老年人对信息的理解难度。

5. 支持方言搜索。 语音搜索商品功能支持部分方言识别，目前已经能够听懂东北话、河北话、山东话、天津话和河南话5种方言，只要老年人说出方言，淘宝App就能准确识别、直达商品。目前，包括方言在内的整体语音识别准确度可达90%以上。

技术应用

语音搜索功能的技术原理是，利用ASR技术，提升语音识别成功率。ASR的实现大致分为3个过程：一是音频采集，将用户的语音数据采集下来；二是处理语音数据，包括语音信号预处理、特征提取和语言模型建立等步骤；三是语音识别模型的匹配，将提取出的特征与预训练好的语音识别模型进行匹配，得出最终的识别结果。淘宝App将语音转成文字之后，再通过算法提取出老年人需要搜索的商品短词，帮助用户精准匹配搜索结果，实现便捷购物。

使用体验

浙江省杭州市某老年人接受采访时表示："现在网购不是很流行吗，但是用手机打字太麻烦了，我不会打字，手写又总是识别错误。现在每次只要在首页直接点击搜索页面的话筒图标，说出我想要的商品，例如'老北京布鞋'，很快搜索结果就跳了出来，我直接找我想买的商品就行，完全不需要我输入文字，十分方便。"

淘宝App实景实时引导

淘宝App方言语音搜索功能

上篇 手机App

扫一扫，请听本节内容

案例 11

拼小圈打入老年社交战场，抢跑银发信息消费

需求背景

调研发现，与年轻人一样，老年人也有自己的稳定社交圈，喜欢在购物方面交流心得。当前主流购物类手机App不够重视老年人的购物社交需求，未上线相关功能，老年人难以通过购物类手机App与好友互动、分享购物经验。

解决方案与功能创新

为满足老年人在购物过程中的社交需求，我们支撑和指导购物类手机App开展适老化及无障碍改造，打造特色化的购物社交服务功能，帮助老年人随时分享网上购物带来的便利和乐趣。拼多多创新推出拼小圈服务功能，通过提供社交互动、打造购物体验、获取消费决策与优惠信息、增加购物乐趣等方面的功能，受到了广大老年人的喜爱。

1. 内容产出门槛较低。购物社交服务功能开放自动同步订单和评

47

论功能，大幅降低了老年人分享的门槛。只要在用户参与拼单或者购买商品后发表了评论，动态就会被自动同步，成为可以产生互动的内容，形成"晒单"社交。

2.推荐分发机制平均。购物社交服务功能的推荐分发机制较为平均，低互动内容也会被推荐至首页，使得任何用户发布的内容都有机会被看见和点赞，极大增强了老年人输出内容的信心。

3.内容真实贴合生活。购物社交服务功能除了好友专区和推荐区外，还可设置下厨、养花、钓鱼、摄影和喝茶等多个符合老年人兴趣的板块，可以看到其他用户的日常分享。小到一桌饭菜，大到孩子结婚，都能获得老年朋友的关注。比起年轻人追求的潮流和时尚，购物社交服务功能更能透露出一股生活的朴实味道，让人感觉十分亲切。

4.引导清晰反馈及时。购物社交服务功能对活跃用户给予充分的反馈机制，老年人的任何互动行为都会被给予奖励，各类优惠活动也融入了互动活动中。例如，在拼小圈进行点赞、评论、转发等就能获得徽章、购物优惠券等。拼小圈的互动分享字体较大、字色标红、提示明显，积极引导用户互动，对不熟悉手机操作的老年人十分友好。

技术应用

购物社交服务功能的技术原理是，通过高效的数据处理和存储技术，实现对购物历史、浏览记录、评价、分享等大量用户数据的分析和管理。通过分析用户的购物历史、浏览记录和其他用户的行为，实现个性化推荐，同时运用深度学习、数据挖掘等技术，不断优化算法的精准度。此外，购物社交服务功能还通过图像算法设计和网络分析技术，实现准确和高效的好友关系分析和互动推荐。

使用体验

1.有关数据显示，各项适老化功能推出后，拼多多老年用户数量增长24.4%。

2.60多岁的"东北大妈"辛阿姨十分喜欢在拼多多上购物，一年多就下单了1800多次。辛阿姨日常都会在拼小圈分享评价，购物较多的她已经成为拼小圈中的购物达人。她表示自己"在拼小圈好评过的东西，很多朋友会跟着购买"。在这个过程中，她也获得了成就感。朋友跟着购买证明她"眼光不错"，"自己觉得好的，还能传递给朋友，这是多么高兴的事"。

3.李大爷是拼小圈的忠实用户之一。李大爷经常在拼多多上购买一些家庭用品和保健品，例如鱼竿、蜂蜜、蛋白粉等。他通过拼小圈分享自己购买的商品，同时也关注好友的购物体验。李大爷认为，通过拼小圈可以更好地了解商品信息，也可以与其他用户交流购物心得，非常方便和实用。

拼小圈页面

拼小圈公开展示的兴趣圈

拼小圈用户点赞分享

拼小圈兴趣分区

扫一扫，请听本节内容

案例 12

无障碍影院与直播间助力障碍人士享视听盛宴

需求背景

如今，看电影、看直播是常见的休闲娱乐方式，但对于我国2856万视障人士和2780万听障人士来说，却有很大的难度。例如，听障人士在观看电影或直播时，常常面临没有字幕的窘境，导致无法正常观看；视障人士只能听到电视或电影的声音，难以理解电视和电影的内容和情节。视听障碍人士常常面临"有视无听"或者"有听无视"的困境。

解决方案与功能创新

为了满足视力障碍人士网络观影的需求，我们积极推动视频类手机App进行适老化及无障碍改造。通过先进的数字低时延技术，实现数字辅助观影功能，帮助视障人士更好地理解和感受影片内容。抖音推出了"无障碍影院专区"，为视障人士打造线上影院，讲解电影情节；上线了无障碍字幕直播间，与火山语音团队合作，提供低时延的赛事直播解说字幕，帮助听障人士解决"听不了""听不到""听不懂"等难题。

1.增补配音解说，帮助理解电影。为电影重新制作脚本，增补大量配音解说，让视障人士能够听懂电影，听到角色的表情和肢体语言，感受到角色变化，理解作品中的视觉冲击，从而更好地享受电影艺术的乐趣，丰富精神生活。

2.清晰识别人声，排除杂音干扰。通过对大量足球解说场景的音频特征进行分析并进行模型调优，保证在有背景音的情况下也能清晰地识别人声，实现更好的流式字幕效果，为观众带来更加稳定、舒适的观赛体验。

3.优化术语识别，提高字幕准度。对语音的精准快速识别能力是实现同传字幕的基础。针对世界杯比赛场景，对足球领域专有名词、球队和球员名称等术语进行了专项优化，进一步提高了AI模型识别的准确率。

4.优化字幕样式，提升看播体验。传统的字幕是实时按词推出，字符变换跳动，长时间阅读容易疲惫。世界杯期间，直播间专门优化了字幕样式。精心设计双行字幕，保证观众能获取更多完整信息；优化后的字体样式更加清晰显眼，能更好地匹配赛事的画面特点，打造了更优质的看播体验。

技术应用

无障碍直播间功能的技术原理是，通过精准的ASR、人工智能及大数据，实时多种语言的自动识别和转写，生成低时延、高准确率的赛事解说字幕，帮助听障人士即时了解赛事情况。具体来说，系统接到直播流后，会对语音信号进行实时识别，输出AI流式字幕；与此同时，翻译员在时延的30秒内对AI字幕进行人工二次校对，再整句推出字幕，实现在低时延的条件下输出更精准的字幕，给视障观众带来优质的观看体验。

使用体验

1.当前，无障碍影院已上线170部电影，累计观看人次2585万。

2.抖音世界杯无障碍字幕直播间，字幕准确率达98.58%。有关数据显示，2022年世界杯期间，累计超过1905万人在世界杯无障碍字幕直播间观看了球赛，累计观看次数超过2624万次。

3.某视障影迷表示："我很喜欢看电影，但是大部分时间必须靠家人朋友给我讲电影。有时候电影院新上映了一部电影，我的朋友都在讨论，但是我没看过，就没法参与他们的讨论。抖音制作的这些无障碍电影，请了专业团队讲解电影情节，再配合电影本身的角色对话、背景音乐，我感到自己好像能真实看到这些电影。电影是造梦机器，在看电影的时候，我也体验了很多美好人生。"

4.患有先天性极重度耳聋的某球迷接受采访时表示:"以往观看世界杯比赛时,需要把电视声音开到很大,但电视里的声音通过助听器放大之后,听到的声音常常伴有'滋滋'的杂音。且涉及足球赛等较为专业的体育赛事,因缺少解说,我常常是一头雾水。自从有了无障碍字幕,我能够知道很多以往无法了解的赛场信息,对比赛的理解也比以前深刻,知道了每个球员的名字、他们的首发队形、足球术语。"了解更多的足球战术后,该球迷平时也会和球友们模仿、训练。他还表示:"我们的足球世界是安静的,但是有了科技的进步,我更加深刻地感受到了足球的魅力。"

无障碍电影:
Accessible Movies:

将「看」才能理解的电影画面用配音解释呈现
"See" the moments in the film through dubbing and narrating

使视障用户做到用「听」无障碍理解感受全片
allow visually impaired users to appreciate the film aurally

无障碍电影内涵

抖音无障碍影院专区

抖音无障碍直播间

抖音无障碍直播间双行字幕显示

听障用户在抖音无障碍直播间观看世界杯比赛

4 优秀案例
医疗健康

上篇 手机App

扫一扫，请听本节内容

案例 13

无障碍就诊多场景提高就医体验

需求背景

老年人、残疾人看病需求更高，但是在就诊时面临挂号难、候诊时间长、腿脚不方便、看诊路线复杂等问题。调研发现，老年人、残疾人对医疗健康类手机App的适老化和无障碍需求十分迫切，盼望更多的医疗健康类手机App推出便捷、贴心的适老助残服务。

解决方案与功能创新

为了更好地满足老年人、残疾人网上就医需求，我们支撑和指导医疗健康类手机App开展适老化及无障碍改造。掌上阜外医院App推出一系列无障碍就诊功能，有效助力提高在线就诊效率、降低挂号难度、减少候诊排队时间、增强出行安全，获得老年人、残疾人的肯定。

1.在线就医买药一体化。 患者在App上问诊以后，可以在线开药，并通过快递把药品送到家，这样患者不用出门就可以在家获得就医和购药的一体化服务。

59

2. 多样挂号降低难度。 阜外医院实行非急诊全面预约挂号和分时段就诊，为患者提供App、微信、电话、自助机等多渠道、多平台、多方式预约挂号服务，各预约方式号源池统一，可缓解看病难、挂号难等就医难题。

3. 精准建议候诊时间。 App内搭建了建议候诊模型，通过对医生历史接诊情况的大数据分析，对医生出诊时间、接诊时长、接诊人次等门诊信息实施综合评估，将建议候诊时间精确到8分钟，有效减少患者候诊等待时间。

4. 智能导诊减少排队。 App内搭建了智能导诊平台，为患者提供个性化的导诊推送和院内导航服务。平台与医院信息系统对接，实现诊疗时间数据的实时同步与利用，结合患者在院内候诊或检查计划以及各科室叫号队列情况，科学规划就诊路径，提供一键导航至科室的功能，减少患者在院内的排队等候时间。

5. 无障碍导航便利出行。 院内导航服务支持无障碍模式，在规划路径时，绕过楼梯、扶梯等老年及残障患者不便通过的路径，优先直梯、坡道等无障碍通道。同时可通过语音和震动提示，使患者不需要看手机屏幕即可完成导航操作，解决了部分老年患者不方便使用智能手机的问题。

技术应用

无障碍就诊功能的技术原理包括以下4个。

一是基于IM互联网诊疗及处方流转功能，利用长连接多路复用、传输层协议优化、通道加密等技术手段，保障患者与医生"面对面"沟通的即时通畅，并利用多媒体信息流技术让患者可以将外院检查、检验及治疗结果以图片、视频等方式提供给医生，让医生更全面地掌握患者的病情，并为患者在线进行复诊诊疗、开具检查报告和处方。

二是平台打通医院信息管理系统（Hospital Information System，HIS）、第三方支付平台、医保结算平台、快递物流平台等上下游环节，使患者足不出户即可享受线上诊疗、移动支付、处方流转及快递配送服务，为患有老年慢性病等需要长期用药或行动不便的患者提供了极大的帮助。

三是平台建立患者建议候诊模型，综合分析医生出诊时间、接诊时长、接诊人次等既往接诊数据，减少患者候诊时间。对诊前患者，在预约成功后，平台根据序号提示建议候诊时间，将实际就诊时间精确到8分钟以内，帮助患者更好地安排自己的来院时间；对诊中患者，基于近一个月各检查科室各时段的排队情况，分析各时间节点患者的等候情况，通过排队时长预测模型，结合实时获取的门诊、收费、药房、检查检验科室的候诊队列及接诊检查情况，为患者预估各项检查的等候时长，规划最优的诊疗路径。

四是实现线下就诊路径规划导航。通过院内部署的信标节点及蓝牙网关，结合Wi-Fi、GPS、蓝牙、室内3D高精地图等技术，为患者规划到目标科室的最佳路径，并提供无障碍电梯、扶梯、楼梯等多种选择。根据患者当前的诊疗信息，自动判断患者下一步的诊疗环节及目标科室，并提供导航指引，节省老年人的就诊时间和精力。

使用体验

1.有关数据显示，掌上阜外医院App已涵盖15项核心服务功能，中老年患者占用户比例高达72.5%，智能导诊累计服务患者199万人次，线上问诊11万人次。平均每日使用候诊叫号功能5000余人次，无障碍导航600余人次，通过无障碍就诊服务减少患者在院平均滞留时间55分钟，患者总体满意度达95.3%。

2.北京市西城区患高血压的某老年人接受采访时表示："我每次去医院看病，挂号、排队都是最头疼的事情。现在去阜外医院看病，可以在他们的App上看候诊叫号时间，还可以给我规划一个用时最短的看病线路，告诉我应该先去什么科室，而且给我安排的是能尽量坐电梯的线路。这下看病就轻松多了。"

掌上阜外医院App标准版与关爱版

上篇 手机App

掌上阜外医院App建议候诊时间

掌上阜外医院App院内无障碍导航

扫一扫，请听本节内容

案例 14
电话问诊打破就医空间限制

需求背景

在数字时代，老年人、残疾人在线上挂号、线上就医问诊、线上复诊买药等过程中遇到了不少困难。例如，在问诊前需要用户打字描述病情，问诊的过程中需要打字与医生沟通交流，但老年人普遍存在不会打字或打字困难等问题；部分老年人打开App后，不熟悉操作流程，不知道点击哪里开始找医生问诊，造成了App使用障碍和就医障碍，迫切需要优化相关问诊功能，助力老年人、残疾人网上就医无碍。

解决方案与功能创新

为解决老年人线上问诊时遇到的"沟通难"等问题，我们支撑和指导医疗类手机App开展适老化及无障碍改造，运用语音通信及大数据等技术打造电话问诊交互场景，帮助老年人实现远程医疗诊断。微医App针对老年人在互联网沟通中打字难的问题，推出线上直接跳转电话问诊服务,并且在天津微医公众号中添加了"一键电话咨询客服"功能,有效解决部分老年人操作困难、不会使用等问题。

1.简易电话就医。老年人在长辈模式中点击"问医生",通过语音转文字功能填写基本病情后,通过电话联系到医生,在家中就能用他们熟悉的方式向医生咨询,享受专业、便利的医疗服务。

2.一键电话客服。由于老年人面对线上界面具有陌生感,并且在具体操作中容易遇到障碍,微医App在地方公众号长辈版本中,添加了电话咨询客服的功能,老年人在使用中遇到任何问题,可一键"联系我们",接通后会有客服人员进行操作指导,及时解决老年人就医过程中遇到的各类问题。

技术应用

电话问诊功能的技术原理具体如下。一是语音转文字(Speech To Text,STT)技术。通过语音识别技术把用户的语音转换为文字,以帮助用户快速填写病情描述,微医App目前的版本支持广东话、河南话和四川话这3种常用方言。二是智能匹配医生技术。用户在微医App发起问诊需求后,推荐系统的深度学习模型基于平台的海量问诊数据,能够根据用户的病情描述内容匹配到符合用户就医需求的医生,进而一键咨询医生。三是集成云联络中心。电话问诊使用了云联络中心服务,该服务集电话、在线会话、语音视频通话于一体,为用户和医生、客服更快速便捷地沟通提供了保障。

使用体验

1.微医电话问诊功能上线后，项目组征集了34名60岁以上老龄用户进行现场试用和调研，整体反馈界面清晰易懂，使用流程比较顺畅。

2.浙江省嘉兴市某老年人接受采访时表示："微医App的'电话问诊'功能太好用了，在网上即可咨询医生并买药，这个适老化改造让我们老年人可以不依赖子女，自己在家就可以找医生，还能把药直接寄到家里，使用起来很方便。"

上篇　手机App

微医App电话就医

微医App一键电话客服

67

5 优秀案例
金融服务

上篇　手机App

扫一扫，请听本节内容

案例 15

无障碍验证码"挥一挥"完成人机验证

需求背景

当前，手机App和网站普遍采用验证码进行人机验证。验证码的方式包括滑块验证、图片矫正、点击图片中某要素等，但绝大多数验证码的方式深度依赖用户的视觉能力，视障人士可能无法顺利完成验证，导致登录或使用手机时遇到障碍。

解决方案与功能创新

围绕视障群体遇到的"验证码"难题，我们支撑和指导相关手机App开展适老化及无障碍改造，通过手势识别、图形识别等技术，实现具备普适性的动作捕捉，帮助视障人士完成验证指令。支付宝App经过前期调研、体验优化等多个环节，推出无障碍验证码功能——"挥一挥""划一划"，帮助视障人士解决通过人机验证时"看不见""无法配合验证"等问题。

1. 自动识别身份。 当支付宝App识别到用户开启了读屏辅助等

69

功能时，认为可能是视障人士在使用人机验证功能，此时会弹出"挥一挥"验证方式，用户可以通过语音提示完成指令动作。

2.简易动作验证。视障人士在语音提示的指导下，仅需通过摇晃手机、在空中画一个圈等，或者在屏幕上操作，例如手指按住向某个方向划动、按压屏幕等，即可完成人机验证，简单方便。

技术应用

无障碍验证码功能的技术原理是，基于手机运动传感器（加速度仪、陀螺仪）、针对屏幕传感器数据的用户行为识别技术，以及蚂蚁安全科技自主研发的用户生物行为分析算法，对用户空中手势动作的识别则依赖于人体动作识别算法。此外，支付宝App还基于多模态数据的深度学习融合技术，对手机运动传感器、手机屏幕传感器及图像等多种数据模态，采用多模态数据处理，并结合计算机视觉、多任务学习、自监督学习等深度学习技术，获得了比任意单模态更好的性能水平，使得"挥一挥"功能在保证视障人士体验的同时，达到金融级安全标准。

使用体验

1.有关数据显示，支付宝App无障碍验证码功能已累计调用27万次，为广大视障人士提供了方便、安全的验证服务。

2.喜欢在线购买理财产品的一位视障人士接受采访时表示：

上篇　手机App

"我在使用金融类手机App做一些敏感操作时，其经常需要我输入验证码，例如拖动滑块、把图片放正，但是我自己看不到，是没法完成操作的，每次我都需要别人帮忙，我又怕泄露了自己的隐私。现在用支付宝这个'挥一挥'功能，一是用语音提醒我要输入验证码了；二是我自己也能验证了，拿着手机'摇晃摇晃'就可以了，很方便实用。"

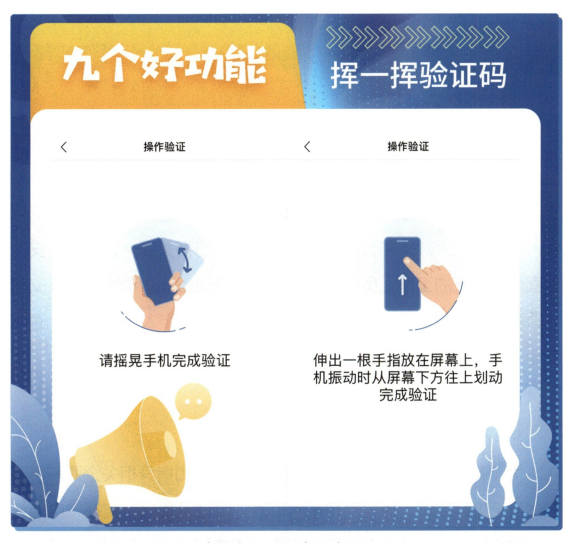

支付宝App无障碍验证码

扫一扫，请听本节内容

案例 16
AI全链路反诈智能语音对话提供实时反诈"叫醒"服务

需求背景

近年来，针对老年人的骗局层出不穷，老年人一不注意就容易掉入诈骗分子的陷阱。例如，诈骗分子冒充许久没有联系的亲戚、朋友，通过电话、微信或者QQ取得联系后，谎称遇到紧急情况急需用钱，让老年人大额转账；一些诈骗分子会伪造相关证件，冒充公安、检察院、法院的工作人员，对老年人进行威逼恐吓，诱导老年人交付"罚款"，实施诈骗；还有诈骗分子假借社保工作人员的名义，骗取老年人的参保费用，让老年人一次性"补缴"上万元的费用。

解决方案与功能创新

为了帮助老年人防范电信诈骗，我们支撑和指导相关企业开展适老化及无障碍改造，探索反诈技术研发、测试及优化，实现集电信诈骗识别、阻断、反制等功能于一体的全链路技术产品和服务。其中，支付宝App推出AI反诈功能，针对诈骗风险较高的用户，通过阻断交易过程、AI语音电话提醒，及时向老年人告知风险、揭示骗局。

1.秒级识别诈骗。 支付宝App的风控系统在0.01秒即可识别交易风险，一旦判定有风险，即配置90秒风险"确认期"、15分钟交易"冷静期"、24小时交易"反悔期"等AI主动叫醒服务。

2.主动致电提醒。 当支付宝App识别到交易存在诈骗风险时，不仅会阻止交易，还会主动致电用户，揭示骗局风险，劝阻交易。

3.家人协助反诈。 老年人可在支付宝App中邀请家人开通守护服务。一旦被守护的家庭成员疑似遭遇账户风险，智能反诈系统就会提醒本人，并通知"守护人"进行风险确认和协助叫醒。

4.全过程防护体系。 事前，与各大权威平台、公众人物和反诈组织合作，向公众宣传防诈骗相关的知识，使公众了解诈骗识别技巧；事中，利用"人工+智能"的方式，在用户尤其是老年人等群体出现风险交易的时候，及时进行电话劝阻，并利用自建的交互式主动风控平台，打造智能外呼机器人，进行欺诈风险自动叫醒；事后，在有关部门的指导下，充分利用延时到账、资金截留、智能催还技术，提供"追金行动"服务，帮助受害人追回被骗钱款、挽回经济损失。

技术应用

AI反诈功能的技术原理是，通过内置构建的智能风控系统，形成信息泄露防治、恶意账户挖掘、异常操作捕捉、风险预警与阻拦、线下倒查复盘和精准打击的全链路风控保障，能有效识别各类"黑灰产"活动，降低"黑灰产"风险。

在风控系统的支撑下，支付宝App打造了一个能够感知风险并在运行过程中主动进化的高级交互模型——高级反应动力学模型（Advanced Reaction Dynamics Model，ARD），通过AI客服和安全实验室的防骗提醒，可实现语音对话实时反诈。当用户在支付宝App遭遇诈骗风险时，ARD能够及时识别风险，紧接着AI客服根据用户情绪选择不同的语音开展劝阻，主动打电话给用户揭示骗局风险。然后，安全实验室通过深入分析和引入人工客服沟通技巧，使反欺诈AI客服比传统智能语音更具人情味。此外，ARD通过创新、优化算法，对时下多发的诈骗案例进行分析和学习，不断丰富和完善案例库，提升AI能力。

使用体验

1.有关数据显示，AI叫醒热线电话日均交互4.3万人次，平均语音沟通时长大于90秒，AI的理解和沟通能力越来越好，用户也更愿意花费更多的时间与AI交流。AI反诈功能上线以来，被骗用户的止付率提升80%。目前，支付宝对涉诈交易的识别准确率在95%以上。

2.浙江省金华市某接受采访的老年人表示:"现在有很多针对我们老年人的电信诈骗,我们以前习惯用现金了,也不敢用这些网上支付的App,生怕上当受骗。但是用支付宝App的时候,我可以让我孩子帮我把一道关,支付宝App也能帮我识别诈骗,我用网上支付就安心多了。"

3.某老年人接受采访时表示:"我曾经在临近春节时接到诈骗电话,对方声称能够帮助用户抢票和改签火车票,并让我转账5000元,用于多次抢票。我急着买票听信了对方的说法,我一挂断电话就准备通过支付宝App转账,但是这时候我接到了支付宝App的客服电话,讲解了转账的诈骗风险。最后我没有转账,避免了经济损失。"

支付宝AppAI反诈风控系统

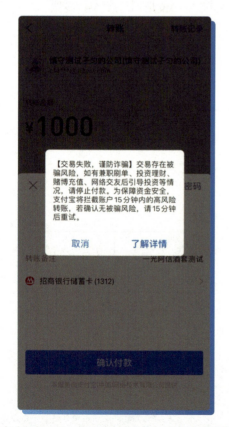

支付宝App15分钟交易"冷静期"

支付宝App反欺诈中心主动致电提醒

支付宝App家庭守护计划

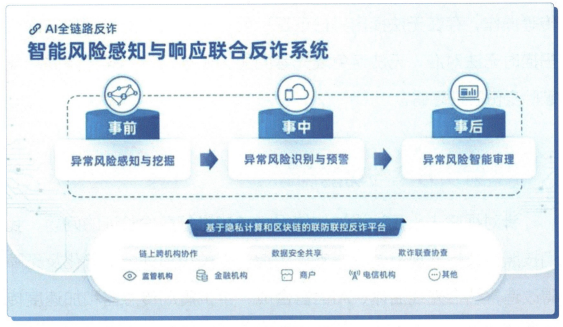

AI全链路反诈系统

扫一扫，请听本节内容

案例 17

无障碍身份验证助力视障人士独立操作验证身份

需求背景

在通常情况下，用户使用银行类手机App时会遇到人脸识别、上传身份证等核验用户身份的环节，但视障人士往往无法独立完成人脸识别验证。他们看不到需要做哪些动作和读哪些数字，或是无法完成系统眨眼动作。此外，视障人士也普遍无法独立完成证件上传等操作，存在无法摸出身份证正反面、无法辨别身份证的方向、扫描时无法对准、无法避免反光等问题，亟须通过相关无障碍功能破除身份验证障碍。

解决方案与功能创新

针对视障人士无法通过传统视觉感知进行身份验证的问题，我们按照相关标准规范要求，支撑和指导相关App开展适老化及无障碍改造，结合光线活体、AI语音合成、手机震动传感器和加速度传感器等技术，建立无障碍人脸和身份证识别系统，实现了对身份证信息的自动识别和提取。微众银行App推出"无障碍人脸识别"和"无障碍身份证识别"功能，实现了在不依赖视觉感知的情况下，对人脸进行识别和验证。视障人士只需按照提示操作，即可顺利完成身份验证，享受便捷的银行服务。

1.不需要额外操作。针对部分视障人士无法完成眨眼动作的问题，微众银行App将活体识别算法升级为"光线活体"技术，在人脸识别过程中不需要用户配合任何动作，同时对人脸识别的交互流程进行革新，调整识别模型，解决以往依赖眼球特征进行人脸识别的问题。

2.语音与振动提示对准。针对视障人士无法判断自己是否对准人脸检测框的问题，微众银行App通过振动强弱表示偏离度大小，语音提示用户手机的移动方向，设计了一套听觉加触觉的双重反馈机制。

3.简化证件上传。微众银行App通过技术创新解决了上传身份证时存在的证件局部遮挡、反光、切边和缺角等问题，增加了强弱光和身份证不在画面内的语音提示，"一拍一翻再拍"三步即可完成身份证的上传。

技术应用

无障碍人脸识别功能的技术原理是，运用光线活体人脸识别技术，借助手机屏幕发射光线，投射到核验者面部，由手机摄像头接收反射回来的光信号进行活体推导。在人脸验证的人机交互环节中，用户只需要将头部对准屏幕上的识别框，然后等待屏幕闪现不同颜色和强度的光线进行识别和判断即可。

无障碍身份证识别功能的技术原理是，利用手机加速度传感器、振动传感器、陀螺仪等技术，在手机端进行实时数据建模，结合图像处理、人脸检测、AI语音合成，通过手机振动强弱表示偏离度大小，以及语音提示用户手机移动方向，设计了一套听觉加触觉的双重反馈机制。微众银行App基于深度学习OCR技术，重塑整个身份证识别模块，利用卷积神经网络（Convolutional Neural Networks，CNN）和递归神经网络（Recursive Neural Network，RNN）等深度神经网络算法的强大智能能力，以大量样本为驱动，解决了证件局部遮挡、反光、切边和缺角等问题。

使用体验

1.有关数据显示，无障碍身份验证功能及其他视障专属功能上线后，累计超过1.4万视障人士使用，其中约86%的用户愿意推荐微众银行App无障碍版。

2.广东省中山市某视障人士接受采访时表示："我跟着微众银行App的语音提示移动头就行，这是我平生第一次人脸识别成功。上传身份证也很简单了，App能自动识别是正面还是反面，我只要两面都拍一下就行。现在我能独立使用微众银行App了,没有家人朋友在身边的时候也很方便。"

微众银行App无障碍人脸识别机制

微众银行App无障碍身份证识别机制

微众银行App无障碍相关技术和功能

上篇　手机App

扫一扫，请听本节内容

案例 18
Aria低代码配置平台简化适老化及无障碍平台开发

需求背景

企业针对标准版App全量做无障碍改造时普遍面临耗费研发人力资源多、全量页面改造周期长等问题，一定程度上影响了企业参与App适老化及无障碍改造的积极性，迫切需要推出简易的开发工具，辅助企业高效地完成大量App页面的适老化及无障碍改造。

解决方案与功能创新

针对数字适老化及无障碍改造耗费资源多、改造周期长等问题，我们支撑和指导相关企业开展技术研发工作，以期找到更高效、便捷的解决方案。其中，平安银行研发出Aria低代码配置平台，有效降低数字适老化及无障碍改造技术难度，提升改造效率，帮助更多的企业深度参与到适老化及无障碍改造中。

1.可视化改造。 Aria低代码配置平台提供图形界面和可视化编程工具，使开发人员能够通过拖放、配置和设置属性来构建应用程序，满足设置读屏内容和方式、选择元素属性和标签、选择是否隐藏元素焦点、选择放大字号和变更颜色等开发需求，减少输入代码字符串的繁杂过程。

2.简化改造流程。 在推出Aria低代码配置平台前，App适老化及无障碍改造流程涉及提需、排期、开发、测试和发版上线等环节，需要运用Starlink、Excel、代码仓库和Jira等多项工具；在推出Aria低代码配置平台后，App改造流程缩短，包含提需、配置、测试和上线等环节，只需要运用Starlink和Aria平台即可完成改造。

技术应用

Aria低代码配置平台提供可视化配置平台，将App页面通过iframe嵌入配置平台。业务人员和产品经理仅需圈选App页面中各个需要配置的区域并输入播报的内容即可完成配置。完成配置后，配置平台将该页面的配置数据存储到云端。

当用户访问App页面时，Aria低代码配置平台根据页面地址从云端拉取该页面的配置数据。在数据解析过程中，Aria低代码配置平台通过选择器获取页面元素，并为其添加无障碍播报内容。由此，未经任何代码改造的页面，就具备了无障碍语音播报的能力。

使用体验

1.有关数据显示，使用Aria低代码配置平台后，大幅提升了改造效率。在原改造方案下，平均1人1天只能改造1个页面，使用Aria低代码配置平台后，1人1天可改造5～10个页面。

2.2023年，平安银行依托Aria低代码配置平台，完整上线了1000余个App页面，且均通过了专业测评。

使用Aria低代码配置平台前后App改造流程对比

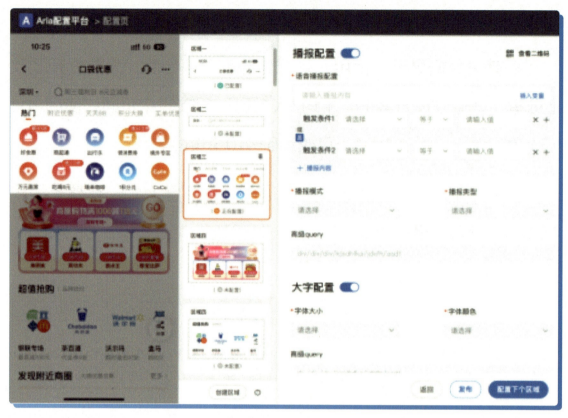

Aria低代码配置平台语音播报编辑页面

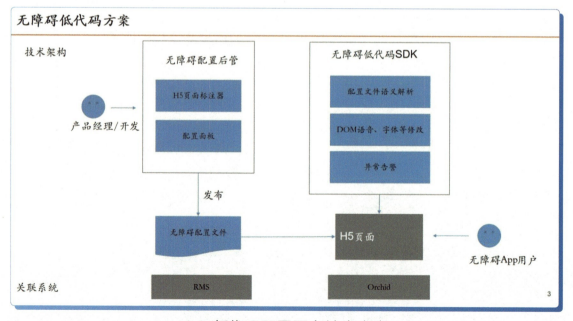

Aria低代码配置平台技术方案

扫一扫，请听本节内容

案例 19

字体识别自动指引引导快速切换适老模式

需求背景

目前已有大量手机App针对老年人推出了不同形式的适老模式，但老年人普遍反映存在不同App适老模式的入口不同、每个App都需要单独设置适老模式等问题，使得大量App适老模式功能空置，老年人仍然不能有效使用手机App。

解决方案与功能创新

针对App适老模式入口难寻、需要重复设置等问题，我们支撑和指导相关企业App开展升级优化，通过手机系统自动识别字体设置，判断用户是否需要开启适老模式，方便老年人快速切换App适老模式。喜马拉雅推出字体识别自动指引功能，当用户手机字体设置为1.15倍及以上时，启动喜马拉雅App，首页会出现一次大字模式引导弹窗，引导用户进入大字模式。

1.自动识别字体。 老年人打开喜马拉雅App时，系统自动识别用户手机系统的字体设置，当字体设置1.15倍及以上时，系统默认用户需要使用大字模式，发送弹窗提醒，询问是否开启大字模式。

2.指引设置模式。 老年人在喜马拉雅App系统的指引下，点击弹窗提醒中的"一键收听"，即可开启大字模式。

技术应用

字体识别自动指引功能的技术原理是，首先，通过计算机视觉算法，例如，使用OCR技术，对预处理后的图像进行文字检测，找出图像中的文字区域。其次，对检测到的文字区域进行分析，计算出文字的字体大小。如果字体大小满足设定的条件（例如是原字体大小的1.15倍），则认为这部分文字是需要被指引的目标文字。最后，系统会根据识别出来的目标文字位置，进行自动指引，询问是否开启大字模式。

使用体验

1.有关数据显示，字体识别自动指引功能的日均调用量达8万多次，通过该方式直接打开App适老模式的占6%；通过该途径每日打开适老模式的新增用户占19%。

2.某位老年人受访时表示："现在很多手机App的老年模式根本不知道怎么使用，我买回一部新手机，每个App都要重新设置一遍。但是我手机设置了大字体以后，一打开喜马拉雅App就主动问我要不要设置老年模式,我跟着它的提示点击一下就设置好了。如果所有的手机App都能这样,那我设置老年模式就很方便了。"

喜马拉雅App自动引导设置大字模式

7 优秀案例
交通出行

扫一扫，请听本节内容

案例 20

一键叫车解决"打车难"难题

需求背景

随着数字时代的到来，打车方式由"路边叫停"转变为"线上订车"，老年人腿脚不便，存在较大的打车需求。但打车方式的转变给老年人的出行带来了许多不便。例如，老年人在路边打车，长时间打不到"闲置"的出租车，大多都已经被线上预订；老年人尝试使用手机预订车辆，但出现不会输入地点、不懂得如何操作、没有绑定支付系统、定点不准、步骤记不清等问题，导致老年人无法完成线上打车操作。

解决方案与功能创新

针对老年人"不会用"打车App的问题，我们支撑和指导相关企业App开展适老化及无障碍改造，通过优化App界面设计、支持语音输入等，简化老年人的叫车流程，为他们提供更加便捷、安全的出行方式。高德地图App推出一键叫车服务，对老年人订单优先派车，针对性解决打车App操作难、路边扬招叫车难的问题。

1.点击一下操作简单。 使用一键叫车不用输入起点和终点，起点可以自动定位，终点可以上车后与司机当面沟通。从下单到下车，老年人全程只需要点击一下。

2.现金付款便利支付。 一键叫车不仅可以通过App或小程序在线支付，还可以选择使用现金，更加符合老年人的支付习惯。

3.多入口便捷开启功能。 老年人不仅可以通过高德地图App使用一键叫车，还可以通过微信和支付宝的"高德打车"小程序使用一键叫车，确保老年人在各种场景下打车出行。

技术应用

一键叫车功能的技术原理是，当乘客使用App"助老打车服务"时，App依托卫星定位技术（以北斗卫星导航系统为主）自动将乘客定位的位置设定为起点，且不需要乘客输入终点。乘客点击"呼叫出租车"按钮后，系统直接将订单信息发给附近的出租车，出租车司机依托高德平台的路径规划和导航技术到达乘客所在的位置。

使用体验

1.有关数据显示，高德助老打车累计服务老年人已超6000万次。2023年以来，老年人打车出行次数比2022年同比增长119%，平均每次出行距离增加了1000米。

2.山东省青岛市某老年人接受采访时表示:"我这段时间经常要去医院复诊,有时候孩子上班没法接送,我就想着自己打车,站在路边经常等不到出租车。医院门口有专门帮老年人打车的地方,有志愿者教我怎么用手机打车,我只需要在手机上单击一下按钮,出租车就会来接我,听说他们还会给老年人优先指派出租车。我能自己打车,孩子也放心多了。"

高德地图App一键叫车

上篇 手机App

扫一扫，请听本节内容

案例 21

导航振动提醒触感反馈助力安全出行

需求背景

对很多视障人士来说，在出行时，尽管能够借助手杖、导盲犬的协助，或者寻求陌生人帮忙，但是仍然常常出现迷路的问题。导航App的出现，为视障人士带来了新的出行工具，但同时也存在许多不便。例如，视障人士在使用导航App时，常常听到应用程序说"500米后右转"这样的指令，但应用程序缺少足够的信息提示视障人士500米的距离有多远，视障人士仍然不知道应该在哪里转弯；导航App缺少路夹角提示或路夹角提示不准确，某些导航App在路夹角的度数超过45度时，提供的方向提示有可能错误；在嘈杂的环境里，手机导航App语音导航效果不佳；依赖读屏软件或通过声音获取导航信息可能引起对重要细节的误读，同时增加个人出行隐私信息泄露的风险。

解决方案与功能创新

针对地图导航提示"不准确""不及时""信息遗漏"等问题，

我们支撑和指导相关企业App开展适老化及无障碍改造，探索将触觉应用于无障碍导航服务，将智能手机振动与语音提示相结合，帮助用户识别驶来的公交车或火车，并适时提醒，安全出行。腾讯地图App推出 导航振动提醒 功能，提高地图导航无障碍功能的准确性、及时性和全面性，为老年人和残疾人提供更加便捷、安全的出行体验。

1.不同振动辨明方向。腾讯地图App升级"步行导航偏移角矫正"功能。手机无障碍模式下，视障人士在使用腾讯地图App的步行导航方向提醒功能时，不振动表明方向正确，当偏移正确方向和回归正确方向，都会得到短振动、长振动等振动模式组合的不同触觉反馈，帮助用户更加直观地辨别方向。

2.不同振动提醒公交。视障人士在使用腾讯地图App的公交出行到站提醒功能时，同样可以通过长振动和短振动不同形式的振动模式，在公交地铁"到站候车、即将到站、到站、到达目的地"4种场景中，得到不同触觉反馈的提醒。

3.触觉反馈辅助操作。触觉反馈在腾讯地图App其他出行场景中的应用还涵盖"在行程中开启公交导航""关闭公交导航""切换路线后再次开启公交导航""在路线上开启下车提醒""手动关闭导航""备选路线重复开启下车提醒""到达目的地附近"等不同导航操作，辅助视障人士出行更加方便。

技术应用

导航振动提醒功能的技术原理涉及多种关键技术。

一是"地图连续定位"技术。在用户使用地图导航的过程中，腾讯地图App基于北斗卫星导航系统定位，每秒刷新定位信息，并且根据手机陀螺仪旋转方向识别当前手机的朝向。

二是"定位方向角判偏"技术。腾讯地图App的定位模块实时将对应信息回传至导航后台，将用户的实时位置和当前最新朝向与原始规划的路线进行匹配，进而判断是否偏离了原路线。如果前位置或朝向距离与原始路线的差值超过2米或10度，则自动判断用户偏离或即将偏离原路线，随即下发指令，调用地图内的振动组件，以振动形式提示用户，同时通过TTS技术播报模块，朗读指令文字，及时引导用户调整方向回到正确路线。

三是"触觉反馈"技术。根据视障人士对振动时长和振动强度更敏感的特征，应用该技术，并通过软硬件协同技术，开发200余种振动组合，供不同场景应用。比如对于不同距离提供不同频率和强度变化的振动提醒，公交车即将进站时，车靠得越近，振动越强烈急促。

使用体验

1.有关数据显示，腾讯地图App无障碍出行服务已覆盖全国300多座城市，月累计服务2000余位视障人士，年累计服务36万人次。

2.北京市朝阳区某视障人士体验后表示："之前在导航过程中不知道正确的行进方向，'向前出发'是一个很抽象模糊的概念，一旦走偏就会一路走偏，很不方便，而且还会走到机动车道上，很危险。有的时候在室外很多杂音，我经常听不清楚语音导航的内容，坐公交也需要让路人帮忙提醒，感觉很麻烦。现在有振动提醒功能后，App会时刻提醒我如何调整回到正确的方向，沿着正确的路线前进，还能提醒我公交车来了、公交车到站要下车了，让我更容易到达目的地，而且不会绕远路了。"

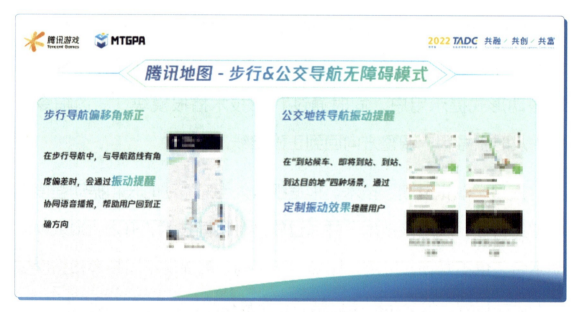

腾讯地图无障碍导航

下篇

互联网网站

1 优秀案例
新闻资讯

下篇 互联网网站

扫一扫,请听本节内容

案例 1

无障碍视听辅助,让视障不再成为阅读屏障

用户需求

在调查中发现,老年人或视障人士访问网站的主要困难,一是因视力退化导致"看不清"或"看不见",造成他们"不能用"和"不敢用";二是因身体机能退化,长时间阅读容易引起视力疲劳和身体劳累。

解决方案与功能创新

为满足老年人或视力障碍人士上网浏览新闻网站的需求,我们按照有关标准规范,支撑和指导新闻资讯类互联网网站开展适老化及无障碍改造。相关网站重点围绕页面背景颜色、字体及光标大小模式、文字转语音等方面,探索技术创新,完成功能优化。经专家评选及老年人和视障人士评测,腾讯网在网站上提供"轻松阅读""在线读屏"和"读屏专用"3个服务版本,同时在此基础上,通过提供以下功能,有效解决"看不清""看不见""不能用""不敢用"等痛点问题，并取得了良好的应用效果。

1. 支持无障碍模式轻松切换。 用户在使用腾讯网浏览新闻时，可通过单击腾讯网首页、频道页或底层页任一页面右上角"无障碍浏览"按钮即可一键切换到无障碍浏览模式，也可通过键盘操作"Ctrl+～"组合键开启或者关闭无障碍模式。

2. 支持读屏功能更灵活便捷。 支持开启、关闭声音读屏功能，提供点读、连读切换，并支持1.0倍、1.5倍、2.0倍、2.5倍、3.0倍语速播报。

3. 全面覆盖残疾人资讯阅读场景。 支持文字语音阅读、切换背景颜色、放大或者缩小网页字号、大光标模式，并支持大字幕功能和通过"Alt+（1、2、3、4、5）"组合键切换智能盲道，提供更贴心的服务。

技术应用

无障碍视听辅助功能采用"全程智能解析"+"部分源码改造"+"辅助工具"相结合的方式，对所有网页进行改造和优化。一是使用前端技术react.js与webpack，针对主要页面进行了源码改造，从根本上优化页面架构，满足页面在无障碍和适老化场景下的使用；二是把无障碍在线辅助工具封装成组件形式，在原页面的基础上只要添加通用js组件和文字单击入口，就能通过快捷键或鼠标操作调整网页及文字，提供色彩变化、大小设置、语音阅读服务功能；三是源码上添加分区标签提供智能盲道服务，该组件可便捷维护、灵活扩展、持续优化，且对站内主要的页面都适配。

用户体验

无障碍浏览功能上线后，有不少用户通过后台反馈腾讯网主站首页、频道页和文章底层页都在原有支持读屏软件的基础上，增加了大字幕、大光标、更改配色、页面放大缩小等功能，并且支持了指读模式，还专门为视障人士提供了自动读屏模式，支持智能盲道全键盘操作，整个产品体验非常温馨。

腾讯网首页"无障碍浏览"读屏模式

腾讯网频道页"无障碍浏览"字体放大模式

腾讯网文章底层页"无障碍浏览"大字幕模式

下篇 互联网网站

扫一扫，请听本节内容

案例 2

无障碍语音播报，随时调整新闻播报进度

用户需求

许多老年人、视障人士因为"看不见""看不清"不方便阅读网站内容，尤其是新闻资讯等包含大量文字的内容，仍需依赖读屏软件播报文字信息。然而普通的读屏软件一方面不能调整播报进度，使用户快速定位到感兴趣的内容，或是重播听过的内容；另一方面，读屏软件不能暂停续播，如果用户在听读网页的过程中被其他事务打断，那么又需要从头开始听读网页。

解决方案与功能创新

为满足老年人、视障人士按需听读新闻资讯，可以随时调整播报进程的需求，我们支撑和指导新闻资讯类互联网网站开展适老化及无障碍改造。相关网站通过探索新一代信息技术，结合特殊群体日常应用习惯，发挥人工智能、云计算等技术优势，聚焦痛点问题，完善语音播报功能。经专家评选及老年人、视障人士评测，东

105

方网推出的无障碍语音播报功能，通过在网页嵌入播放条，有效优化了老年人、视障人士按需听取新闻播报的体验。

1.调整朗读进度。 无障碍语音播报可以通过拉动播放进度条，随时调整朗读进程。

2.随时暂停续播。 无障碍语音播报包含暂停、续播按钮，用户可以根据自己的听读节奏中断播放、继续播放。

技术应用

无障碍语音播报功能遵循"覆盖设备多、覆盖业务场景多、尊重用户体验"的设计原则，借助自动化测试、图像识别、云服务、浏览器插件等多种技术手段对内对外提供服务：一是运用网页内容智能解析技术，对网站结构和文字内容进行识别和分析；二是借助智能化检测和修复技术，确保网站适老化及无障碍服务保持高水平；三是采用TTS技术将文本内容转化成可以朗读的语音内容，实现语音播报。

用户体验

1.上海市老龄委的一位老同志接受采访时表示："无障碍语音播报功能，为老年人及其他障碍人士阅读网站信息带来了便利，也为网民带来较好的信息智能化体验。"

2.上海市杨浦区的某老年人接受采访时表示："我年纪大了，眼神不好，网上读个新闻特别费眼，使用无障碍语音播报功能听新闻感觉很好，我可以先拖动一下进度条大体知道我对新闻的哪个部分最感兴趣，没听清的地方还可以把进度条拖回来反复听。有时候听一半要去干点什么事情，回来还可以接着听。这个功能让我感觉在听我们以前很熟悉的磁带。"

东方网无障碍语音播报功能

2 优秀案例
社交通讯

下篇 互联网网站

扫一扫，请听本节内容

案例 3

关爱专属版本，让电信服务既有速度，更有温度

用户需求

老年人因视觉和理解能力不断下降，独立操作计算机上网获取信息和办理业务非常困难。为了解决老年人看不清网页文字和不理解网络业务的办理方式等困难，打造了计算机端老年人关爱专属版本，充分体现电信服务既有速度，又有温度的特征。

解决方案与功能创新

为满足老年人轻松阅读网站信息和便捷办理电信业务的需求，我们支撑和指导电信运营商对网站开展适老化及无障碍改造。在办理电信业务的场景下，中国电信网上营业厅采用全站无障碍辅助工具，并新建关爱专属版本模式，满足老年人、残疾人无障碍访问网站信息和便捷获取服务的需求。

1. 视觉操作补偿，实现轻松阅读。 全站提供大字显示屏、语音

109

朗读和高对比度等视觉补偿，以及十字光标和全程键盘等操作补偿，满足老年人、残疾人"轻松阅读"的需求。

2.关爱专属版本模式，降低认知成本。 针对老年人认知特点，构建信息层级扁平、服务功能清晰、操作方式简洁的关爱专属版本模式，尽可能降低老年人、残疾人的认知和理解成本。

3.视频帮助，提升用户操作水平。 全站常规网页和关爱专属版本提供了大字体、文字语音播报和视频帮助等功能，帮助老年人更加轻松地浏览信息，更加准确地查询和办理业务。

技术应用

关爱专属版本遵循适老化及无障碍的设计原则，通过采用网页响应式布局技术，梳理电信主要业务，构建老年人关爱专属版本模式。从技术角度来说，关爱专属版本模式是网站新增加的一个服务专栏；从应用方面来说，这是针对老年人的专属服务；从整体来说，充分运用了网站内容管理系统（Content Management System，CMS）的服务机制和技术能力，在完成适老化关爱专属版本模式的同时，融入网站适老化及无障碍在线辅助技术。

用户体验

1.有关数据显示，自关爱专属版本服务上线以来，累计服务880万人次，社会反响良好。

2.中国电信通过与多位60岁以上老年用户的电话访谈,了解到关爱专属版本的功能设置已基本满足当前老年人对于话费充值、余额查询、账单查询和流量查询等的使用需求,页面阅读无障碍、视频教程等功能也很好地帮助他们操作使用。

中国电信网上营业厅专属关爱版本首页

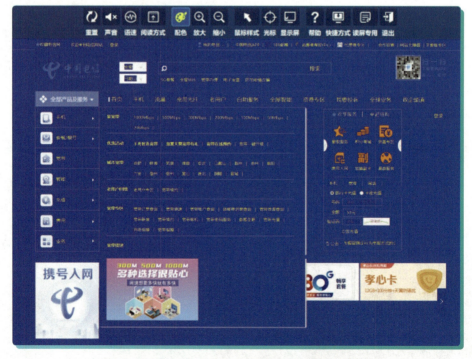

中国电信网上营业厅网页高对比设置的效果

下篇　互联网网站

扫一扫，请听本节内容

案例 4

"温馨助老"+"积极助残"功能，助力老年人、残疾人拥抱互联网

用户需求

根据用户需求调研，老年人的网站适老化人机交互诉求体现在以下3个方面：一是应提供视觉辅助与阅读补偿的无障碍辅助工具；二是将常用的电信服务项目进行梳理，并新建成一个适老化关爱专版；三是重视网站的适老化建设，为老年人便捷访问网站提供支持。

解决方案与功能创新

为了解决老年人在浏览网页办理电信业务时遇到的问题，通过深入了解用户需求，我们支撑和指导传统电信服务提供商对网站进行适老化及无障碍改造。中国移动结合现有资讯与服务情况，重点推进其网上营业厅的适老化建设，通过新建"关怀版"的服务窗口，并在网站全程提供无障碍辅助工具，形成了较为完善的适老化及无障碍服务功能。使老年人可以更方便地获得帮助和支持，享受更便捷、高效的服务体验。

1.网站适老化，更加贴近老年人上网方式。 移动端网站全程提供"关怀版"样式和语音阅读、字体放大、高对比度设置等适老服务功能，使老年人更加轻松便捷地访问网站。

2.新建适老化服务窗口，为用户提供便捷服务。 构建5G专区、账单查询和充值缴费等常用电信服务的服务窗口，辅以10086服务热线和问卷调查，持续提升适老化服务效能。

3.计算机端网站适老化，消除用户阅读和操作障碍。 在计算机端网站上提供阅读视力补偿的"轻松阅读"、全程键盘操作的"在线读屏"和兼容读屏软件的"读屏专用"3个服务版本，满足广大老年人、残疾人无障碍访问网站的需求。

技术应用

通过采用"网页内容智能解析技术""新建适老专版""全程无障碍工具"相结合的技术方式，提升适老化服务水平。其中，网页内容智能解析技术在加快改造进度的同时，也为移动网站实现适老化服务提供了有力的支持，确保了适老化服务的高质量和高水平；在网站CMS和网页前端系统规划适老专版，网站可以随时根据用户需求修改和增加服务内容；计算机端全程无障碍工具的应用，使得网站适老化服务人群更加广泛。

用户体验

1.中国移动在全国多地营业厅现场邀请老年人体验网站适老化服务,北京的张大爷在体验后说:"我平时上网一直都是使用手机,以前网上营业厅的文字太小,一些内容根本看不清,现在网站大字版和语音服务,消除了我的阅读和查找障碍。"

2.广西柳州的退休医生说:"近几年来,我的青光眼越来越严重,导致不敢使用计算机和手机。现在计算机端和移动端网站提供了高对比样式,这样我使用手机或计算机上网办理业务就无忧了。"

中国移动网上营业厅移动端网站
"关怀版"样式示例1

中国移动网上营业厅移动端网站
"关怀版"样式示例2

中国移动网上营业厅计算机端网站"关怀版"

工作人员指导老年人体验经过适老化改造的中国移动网站

老年人独立操作经过适老化改造的计算机端和移动端网站

扫一扫，请听本节内容

案例 5

"关怀版"多终端体系，实现不同终端访问"关怀版"网站

用户需求

计算机端、手机端和平板计算机端的网站设计开发在分辨率、网页长度、与访问设备的功能匹配等方面有着不同要求，因此不同终端的网站也需要专门进行对应的适老化及无障碍改造。许多老年人、残疾人习惯通过手机端、平板计算机端访问网站，但是部分网站仅在计算机端提供数字技术适老化及信息无障碍服务。

解决方案与功能创新

对于已经完成适老化及无障碍改造的网站，部分网站仍仅提供计算机端的适老化及无障碍功能，往往造成老年人及残障人士使用不便。为解决这一问题，我们支撑和指导电信运营商建设覆盖计算机端、手机端和平板端的适老化及无障碍功能。中国联通网上营业厅的"关怀版"建设满足了老年人及残障人士在多个终端使用场景的需求，建立起适老化及无障碍服务多终端体系，方便老年人、残疾人通过不同设备访问网站。

1.多终端访问"关怀版"网页。 构建适合计算机、手机、平板计算机等各种终端的"关怀版"网站，为视力水平和理解能力不足或阅读能力下降的老年人、残疾人提供一站式便捷访问服务。

2."关怀版"功能覆盖多终端。 通过多个终端访问网站"关怀版"，均支持"轻松阅读""在线读屏""读屏专用"等适老化及无障碍功能，满足了老年人、残疾人多样访问网站设备的需求。

技术应用

中国联通10010网上营业厅打造"关怀版"多终端体系：一是根据共享技术文档和操作手册部署开发测试环境；二是分别在网上营业厅计算机端和移动端网站引入智能解析脚本；三是技术人员在测试环境查看网站关怀版解析与适配效果；四是对不符合要求的网页样式进行调整；五是验证自动检测和智能修复水平；六是对上述所有工作进行整体规范，确保适老化及无障碍版本网站的高水平服务。

用户体验

1.有关数据显示，自"关怀版"多终端体系上线以来，使用该服务的用户数量超过1000万。

2.北京市东城区某老年人接受采访时表示:"我们老年人都喜欢用手机上网,但是有的网站只有从计算机上看的时候才有老年版本,用手机上网就没有,特别不方便。中国联通把手机上网这一块也改好了,我自己用手机交话费、改套餐都很方便。"

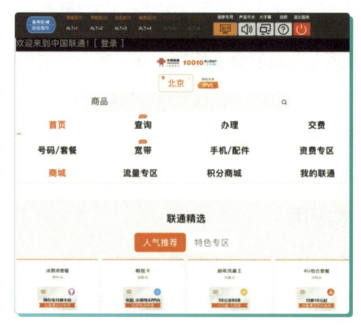

中国联通网上营业厅计算机端"关怀版"样式

中国联通网上营业厅手机端"关怀版"示例1

中国联通网上营业厅手机端"关怀版"示例2

3 优秀案例
政务服务

下篇　互联网网站

扫一扫，请听本节内容

案例 6

大鼠标、十字光标与键盘操作，解决"看不清"鼠标指针问题

用户需求

互联网网站鼠标指针过小、颜色与网站背景类似等问题，常常导致老年人、视障人士无法看清屏幕内容、难以使用鼠标操作计算机浏览网站。

解决方案与功能创新

针对老年人、视障人士"无法看清鼠标指针"的问题，我们根据其日常使用习惯，支撑和指导政务服务网站进行适老化及无障碍改造，推出大鼠标、十字光标与键盘操作功能，为其浏览网站提供操作补偿。经专家评选及老年人、视障人士评测，重庆市人民政府网站通过提供大鼠标、十字光标与键盘操作功能，解决了特殊用户群"看不清"的困难，获得了用户的肯定。

1.黑色大鼠标。网站提供"大鼠标"的功能，鼠标指针的显示面积更大，颜色纯黑，与屏幕颜色形成鲜明对比，让视力不佳的老年人、视障人士能够轻松看到鼠标指针的位置，完成浏览网页等各项操作。

2.红色十字辅助线。网站提供"十字光标"功能，用红色、加粗的十字线作为辅助线，标明鼠标指针的坐标，对比度高，帮助老年人、视障人士找准鼠标的单击位置。

3.全键盘操作。网站提供"键盘操作"的功能，用户可以通过键盘快捷键完成唤醒无障碍功能、放大网页、浏览图片等操作，全程不需要用鼠标操作，解决了看不清鼠标指针位置的问题。

技术应用

实现全程键盘替代鼠标操作，一是通过构建独立"全程支持键盘替代鼠标操作"的适老化版本，确保不影响网站原有的运行机制及用户访问操作流程；二是在网站前端网页，引入解析网页内容优先级编程语音JavaScript脚本，对网页文本内容进行解析及焦点控制，以支持键盘操作网页中的所有内容。

用户体验

年近八旬的重庆市万州区王大爷说："鼠标指针太小，我总是看不清它在屏幕的什么地方，现在有了键盘操作，我可以用孙子给我买的闲置多年的计算机看市政府的新闻了。"

重庆市人民政府网站大鼠标

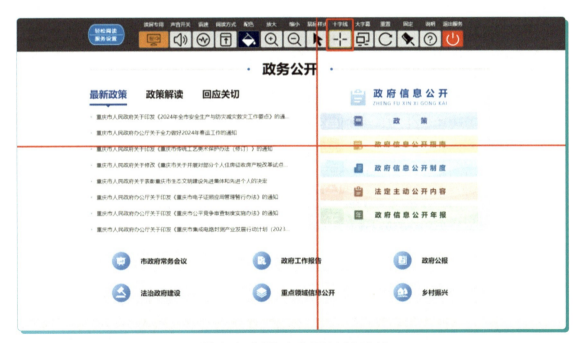

重庆市人民政府网站辅助线

第一部分：网站无障碍服务声明

本网站坚持以人为本，倡导信息公平、权利平等，注重服务智能高效、受益人群广泛，在满足残障人士获取信息的同时，健全人也能从中受益。网站无障碍服务覆盖计算机网站及客户端和移动网站及App等传输渠道，达到中国政务信息无障碍服务体系的要求。

本网站严格遵循W3C《WCAG2.0》国际标准和《网站设计无障碍技术要求》及《Web信息无障碍交流通用设计规范》国内标准进行设计，充分满足信息无障碍重点服务人群盲人用户的需求，并通过提供全程键盘和人机语音互动等替代操作方式，网页文本信息影音化和特大文字网页等推送方式，为行动障碍的残疾人、低弱视力的视障人士、文化认知有障碍人士，以及阅读能力下降的老年人提供更加便捷高效、更加智能友好的服务。

计算机网站及客户端页面的所有内容可被键盘全程操作，移动网站及App支持智能手势和人机语音互动替代操作。所有网页提供智能盲道和操作提示服务，所有图片和按钮控件均标示文字说明。为网页及文字提供色彩变化、大小设置、语音阅读服务。为用户提供信息自定义和信息扁平化大字幕影音服务。

重庆市人民政府网站语音网站无障碍服务声明

第二部分：语音网站快捷键使用说明

1) 无障碍功能：Ctrl + ` 键，开启/关闭无障碍唤醒模式。
2) 读屏专用：Ctrl+Alt+R键，开启/关闭读屏专用功能。
3) 声音开启：Ctrl+Alt+V键，开启/关闭声音读屏功能。
4) 语速：Ctrl+Alt+K键，开启/关闭调节语速快或者慢功能。
5) 阅读方式：Ctrl+Alt+F键，开启/关闭指读或者连读模式。
6) 变换颜色：Ctrl+Alt+T键，开启/关闭背景颜色模式。
7) 网页放大：Ctrl+Alt+加号，开启/关闭网页文字放大功能。
8) 网页缩小：Ctrl+Alt+减号，开启/关闭网页文字缩小功能。
9) 大鼠标开启：Ctrl+Alt+M键，开启/关闭大鼠标模式。
10) 十字线开启：Ctrl+Alt+N键，开启/关闭十字线模式。
11) 开启大字幕：Ctrl+Alt+B键，开启/关闭底部大字幕功能。
12) 重置功能：Ctrl+Alt+C键，开启/关闭重新设置功能。
13) 固定：Ctrl+Alt+L键，固定或取消固定工具栏。
14) 说明：Ctrl+Alt+问号键，打开帮助说明页面。
15) 退出服务：Ctrl+Alt+E键，退出服务还原当前网页原始状态。
16) 切换智能盲道： Alt+(1、2、3、4、5、6)键。
17) 浏览页面所有图片：Alt+9。
18) 居中放大浏览页面中的二维码：Alt+0。

重庆市人民政府网站语音网站快捷键使用说明

下篇 互联网网站

扫一扫，请听本节内容

案例 7

智能读屏功能，实现从"看信息"转变成"听语音"

用户需求

网站页面往往包含大量文字信息，老年人生理机能衰退，普遍反映浏览网站时存在"字小看不清""文字多""阅读吃力"等问题，影响在线获取信息与办理业务的效率。

解决方案与功能创新

针对老年人和视障人士在感知文字消息方面存在的困难，我们支撑和指导政务服务网站进行适老化及无障碍改造，探索运用TTS等信息技术，实现文本朗读功能。经专家评选及老年人、视障人士评测，天津市人民政府网站"关怀版"推出智能读屏功能，实现了从"简单看"向"智能看"，从"看信息"向"听信息"的转变，获得了用户的一致好评。

1. 按需选择朗读模式。 用户可按照自己的需求选择"指读"或

"连读"模式，在"指读"模式下，网站仅朗读用户鼠标单击的位置；在"连读"模式下，网站从网页起始位置开始持续朗读。

2.一键切换朗读速度。 阅读的播报语速提供适度、缓慢和快速3种速度，用户可根据自己的阅读习惯自由切换播报语速。

3.一键通篇朗读。 网站提供一键通篇朗读功能，一键即可对文章页面内容进行整体朗读，实现极简操作。

技术应用

智能读屏功能的技术原理是，通过解析网页结构，提取页面内容信息，按照页面结构顺序与页面模块进行视窗分类，将文本内容即时转化为可朗读的语音内容。通过云端TTS，多线程进行预处理，TTS将拆分文本转化成可以朗读的语音内容，实时为用户播放转化后的语音。

用户体验

1.天津市某老年人反馈："现在通过手机上网确实方便了，随手就可以阅读，政府网站'关怀版'让我们有了更好的体验，想听新闻就一键朗读，不用费老大劲一个字一个字地看了，我们可以随时看咱们政府发布的新消息。"

2.天津市某视障人士反馈："以前这些网页对于我们来说阅读困难，现在我们可以通过听朗读'浏览'网页，真的方便、简单多了,这种模式对我们非常友好,日后肯定会时常关注政府网站的最新消息。"

天津市人民政府网站页面阅读辅助工具条样式

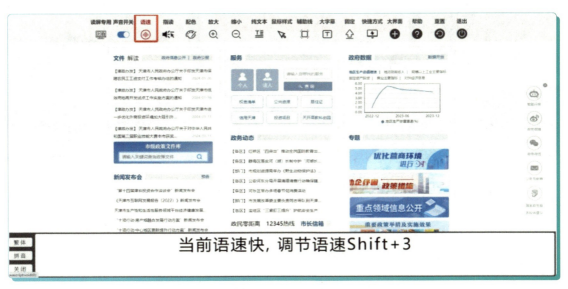

天津市人民政府网站读屏语速调节功能

天津市人民政府网站读屏模式调节功能

天津市人民政府网站适老化及无障碍改造后用户体验

扫一扫，请听本节内容

案例 8

"大字版"网页文字及智能布局功能，解决老年人浏览信息困难

用户需求

老年人在浏览政府网站时，普遍对网页"大字体""大图标""页面布局简单"，以及"操作简单便捷""信息服务完整"等功能提出需求。

解决方案与功能创新

为满足老年人和残障人士希望高效、便捷获取网站信息的需求，我们支撑和指导政务服务网站进行适老化及无障碍改造。相关政务服务网站重点围绕页面字体、图标大小、页面布局、便捷操作等方面，探索技术融合，完成功能优化。经专家评选及老年人、残障人士评测，江西省人民政府网站在共享"网页内容智能解析技术"的基础上，着重规范和更改了网页原有的标签编写方式，确保网站"大字版"的建设改造质量，切实解决老年人浏览信息困难等问题。

1. 技术方面。支持全站内容的适老化样式全覆盖，确保所有更新内容和新的改版网页及时实现"大字版"。

2. 服务方面。"大字版"网页提供服务版本的智能记忆功能，老年人再次访问网站时不需要进行版本切换。

3. 创新方面。技术上创新更多网页的标签写法，为进一步推动技术服务高质量发展做出有益探索。

技术应用

"大字版"网页文字并智能布局功能的技术原理：一是在网页各模板引入"网页内容智能解析技术"引擎JavaScript脚本文件，测试网页识别修改的样式是否达标；二是根据解析引擎识别修改不足的情况，规范和调整部分原有的源码写法；三是建立内容发表监测和审核机制，确保网站的"大字版"样式简洁美观，符合老年人浏览信息的习惯。

用户体验

南昌市第二中学一位退休女教师表示："过去一直没有感觉访问网站有难度，退休后，随着年龄的增长，视力和阅读能力不断下降，访问网站越来越吃力，这次省政府网站适老化改造后，我再也不需要在浏览器中设置页面放大，左右来回拖动网页浏览信息了，这让我备感关怀。"

下篇 互联网网站

江西省人民政府网站计算机端关怀版通道

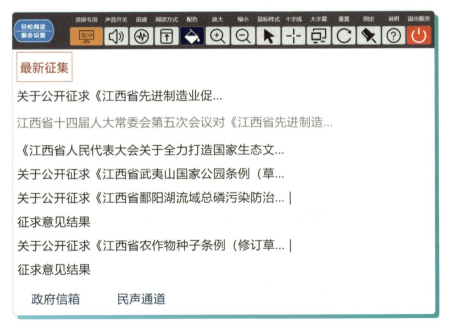

江西省人民政府网站计算机端关怀版页面

扫一扫，请听本节内容

案例 9

老年人服务专区，便利老年人在线办理专属业务

用户需求

老年人由于行动不便，存在大量在线办理业务需求，例如，老年人优待证、养老院查询、养老金政策查询等，但这些与老年人息息相关的政策信息，其业务办理入口往往散布在网站的不同板块，给老年人寻找和办理带来极大不便。

解决方案与功能创新

立足于老年人在线办理"养老"相关业务的需求，我们按照有关标准规范，支撑和指导政务服务网站开展适老化及无障碍改造。相关网站运用数字技术手段打造适应老年人需求的助老场景，帮助老年人方便、高效地在线办理业务。山东省人民政府网站打造老年人服务专区，提高老年人在线办事效率。

1.打造老年人专属空间。网站梳理和确定涉老的高频办事服务事项，集中相关高频业务，设立老年人政务服务专区，为老年人提供更加精准便捷的办事服务。

2. 自动开启"关怀版"模式。 网站将老年人的需求前置，用户进入<u>老年人服务专区</u>会自动进入"关怀版"模式，不需要另外设置，方便业务处理。

技术应用

基于老年人对获取网站信息内容的全面性和政务办事服务的精准性需求，网站的老年人专属服务空间建设，采取全站"网页内容智能解析"和新建"高频办事服务事项"相结合的技术思路，梳理与老年人生活密切相关的办事服务体系，将有关网页内容解析与"关怀版"的模式适配，建立老年人专属服务空间的"高频办事服务事项"快捷通道。

用户体验

1. 山东省济南市历下区文东街道师东新村社区老年活动室的工作人员说："自从省政府网站设立老年人专属服务空间以来，每天都有不少老年人在活动室的电脑上使用网站的'关怀版'来访问网站的新闻信息，了解政策、查阅办事指南等。"

2. 青岛海事大学退休的李奶奶接受采访时表示："专区服务让老年人看得清楚、找得方便、用得顺手，可以轻松搭上'数字快车'。"

山东省人民政府网站老年人服务专区

老年人服务专区部分办事服务功能示例

案例 10

适老化服务站群体系，降低老年人入网学习成本

用户需求

老年人的认知能力有所退化，而不同网站适老化版本的页面、操作方式和功能均存在差异，进一步提高了老年人使用网站的学习成本，老年人普遍希望各网站适老化版本提供统一的网页样式、交互方式，以及功能简捷的辅助工具，这样一来可以降低学习成本，二来不需要随意改变使用习惯。

解决方案与功能创新

为解决网站适老化版本的功能入口以及操作方式不统一等问题，我们支撑和指导相关政务服务网站开展适老化及无障碍改造，通过统一网站样式、功能入口、交互方式等，为老年人提供畅通无阻的网站浏览体验。海南省人民政府网对于站群的64个网站规划设计统一的适老化版本网页样式，提供统一的交互流程和辅助工具，打造网站整体性适老化服务体系。

1. 界面内容简洁，样式交互统一。 实现站群内64个网站的适老化版本网页样式标准统一。

2. 多种辅助技术，兼顾各类人群需求。 为站群内各网站提供统一的"轻松阅读""在线读屏"和"读屏专用"版本，尽可能地满足包括老年人、残疾人在内的所有人群访问需求。

3. 实现整体化服务，确保关怀无死角。 站群内的网站提供全体系整体化"关怀版"服务，确保老年人、残疾人可以全程"一站式"地获取站群内各网站的政务信息与办事服务。

技术应用

适老化服务站群体系技术原理，一是通过"中国政务信息无障碍服务体系"的共享技术，在海南省人民政府网站集约化平台构建完整独立的网站适老化服务支撑体系；二是组织站群内各网站有关技术人员学习和掌握技术操作手册，统一建设与规范改造；三是站群内各网站引入海南省Web网站适老化服务支撑体系的网页内容智能解析引擎脚本文件，对所有计算机端网站页面内容进行适配；四是开放支撑体系的技术服务接口，为接下来的手机App及小程序改造适配提供技术共享；五是逐个进行网站测试，在完成站群网站联合测试验收后，再上线运行。

用户体验

海口市某老年人接受采访时表示:"虽然现在好多网站都有供老年人使用的版本,但是每个网站的操作按钮都不太一样,我每次浏览一个新网站就要重新学习,海南省人民政府网站把自己的网站都改造成统一的老年人版本了,我用起来很方便,也不用费心费力学习了。"

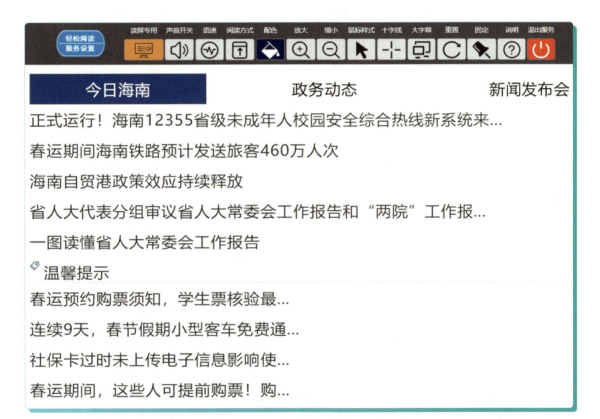

海南省人民政府网站首页适老化"关怀版"样式

海南省人民政府部分厅局网站首页适老化"关怀版"示例

海南省人民政府网站用户需求现场调研会

用户体验海南省人民政府网站群网站适老化服务

扫一扫，请听本节内容

案例 11

智能导航功能，提升老年人操作效率

用户需求

日常上网过程中，老年人不熟悉新的网站结构和内容，不善于操作电子设备，难以独立使用互联网，而子女工作忙，无法实时解决老年人上网困难。视障人士由于"看不见""看不清"，也难以独立操作浏览网页。

解决方案与功能创新

针对老年人、残疾人使用互联网获取资讯遇到的"理解难""操作难""看不清"等问题，结合其日常使用习惯，我们支撑和指导政务服务网站进行适老化及无障碍改造。相关网站探索新一代信息技术在适老助残场景的融合应用，推出一系列新功能、新应用。贵州省人民政府网站上线智能导航功能，通过网页区域运算、用户操作监听引擎、拟人化智能服务，帮助老年人、视障人士快速了解网页整体结构、高效访问网页内容。

1.**语音播报，描述网页内容**。借鉴无障碍电影的口述影像经验，通过在网页中置入"语音播报书童"，及时告知用户当前的操作对象，引导用户完成操作。

2.**按类分区，明确操作对象**。智能导航功能开启之后，"语音播报书童"首先语音播报当前页面信息内容，帮助用户了解和掌握当前网页的信息结构和服务内容，为用户接下来的操作提供指引。

3.**实时告知，避免操作错误**。当用户运用组合键定位到某个区域时，"语音播报书童"会告知用户当前访问区域的内容及对应的上下文操作方法，避免用户操作错误。

技术应用

智能导航功能的技术原理，一是推出网页标签的多重定义技术规范，满足用户的不同需求；二是充分挖掘解析技术的数据识别、焦点创建和控制能力，完善数据标签识别与重新定义能力，提升键盘焦点移动监听和语音服务内容智能运算能力，及时准确地将用户当前操作的位置和信息服务的上下文操作关系告知用户，实现网页"智能导航"的功能目标；三是引入TTS技术，将用户的操作位置信息进行语音播报，确保"智能导航"的服务手段更加多样化，应用方式更加智能。

用户体验

贵阳市视障人士李先生说："智能导航就像导盲犬一样，会牵引你访问你所需要访问的位置，但它的智慧和情商高于导盲犬，它会一边告知、一边引导，同时也有一定的纠错能力。"

贵州省人民政府网站"智能导航"及信息区域描述

"智能导航"用户位置说明和操作指引

下篇 互联网网站

扫一扫，请听本节内容

案例 12

大字显示屏解决"看不清""不认识""不流畅"问题

用户需求

部分网民存在一定的阅读障碍：一是部分老年人、视障人士因"看不清"，需要借助放大镜来阅读网站信息；二是部分老年人由于自身文化水平有限，在阅读网页信息时对部分文字"不认识"，导致无法准确阅读；三是部分网民因文化教育背景的差异，对网页中的简体汉字阅读"不流畅"。

解决方案与功能创新

为解决老年人、视障人士浏览网页时"看不清""不认识""不流畅"等问题，通过调查了解其日常使用习惯，我们支撑和指导相关政策服务网站进行适老化及无障碍改造，实现了大字显示屏功能。陕西省人民政府网站推出大字显示屏功能，通过提供与用户操作同步的字体放大、拼音注释和简繁字体转换的智能大字显示屏技

145

术，帮助老年人、视障人士更友好、更方便地获取网站信息。

1.大字显示，实现轻松阅读。 大字显示屏同步显示访问信息的文字放大版样式，帮助需要借助放大镜访问网站的老年人、视障人士轻松阅读网站的文字内容。

2.拼音注释，消除阅读障碍。 大字显示屏提供文字对应拼音注释，助力消除用户因文化水平不足带来的阅读障碍。

3.简繁转换，消除文化差异。 大字显示屏将访问的简体文字同步转换为繁体文字，帮助不同文化背景的网民便捷阅读信息。

技术应用

大字显示屏的技术原理，一是为页面文字添加鼠标移动事件监听器，当鼠标移动到文字时，获取鼠标当前位置下的目标文字，将文字放大到3倍显示；二是创建文字与拼音对照数据集，将鼠标指向的文字以文字和拼音对应的方式显示在大字屏上；三是创建简体与繁体对照数据集，将鼠标指向的文字以繁体汉字形式显示在大字屏上。

用户体验

1.西安市市民张老先生接受采访时表示："我退休后一直保持着每日访问陕西省人民政府门户网站的习惯，但由于近几年老花眼不断加剧，如果不借助放大镜，就不能正常浏览网页文字内容。现在的网站智能大字显示屏功能，解决了我阅读网页文字信息的困难。"

2.李女士是一名农村社区工作人员，因个人受教育程度较低，无法完整浏览网站信息。在使用智能大字屏的功能后，拼音注释辅助她阅读网页文字内容，也为她接下来学习汉字提供了有益帮助。

陕西省人民政府网站大字显示屏拼音标注功能

陕西省人民政府网站大字显示屏简繁转换功能

下篇 互联网网站

扫一扫，请听本节内容

案例 13

主题服务，构建老年人政务服务"绿色通道"

用户需求

老年人浏览网页时普遍存在"看不清""阅读难"和"不会操作"等困难，针对与老年人生活密切相关的政务服务办事内容，通过定制"网上咨询、智能问答、一网通办"3种主题服务，为老年人构建政务服务的"绿色通道"。

解决方案与功能创新

针对老年人和残障人士浏览网站时面临的"操作难"等问题，我们根据其使用习惯，支撑和指导政务服务网站开展适老化及无障碍改造。运用先进的文字转语音、视觉辅助等信息技术，实现文本朗读、无障碍阅读等功能。经过专家评选及老年人、残障人士评测，上海市奉贤区人民政府网提供的"轻松阅读""在线读屏"和"读屏专用"等适老化辅助功能，解决老年人"看不清"和"阅读难"的困难；并完成全站的"关怀版"建设、实现智能导航功能，

149

消除老年人"不会操作"的障碍，获得用户较高评价。

1. 全站语音阅读，消除阅读障碍。通过网页各模板设置文字信息语音阅读功能，支持老年人和文化差异人群"轻松阅读"网页所有的文字信息内容。

2. 全程视觉辅助，弥合视觉差距。提供网页文字放大、前后背景高对比度，以及特大鼠标指针等视觉辅助功能，确保视障人士方便快捷地访问网站。

3. 构建绿色通道，贴近老人生活。为老年人开通专属政务服务"绿色通道"，"网上咨询、智能问答、一网通办"3种主题服务，使老年人获取政务服务更加便捷。

技术应用

"网上咨询、智能问答、一网通办"老年人专版，采取CMS改造和网站前端样式编写同步的解决方案，并配置成熟的网页无障碍辅助技术，形成有效的网站适老化服务闭环；服务内容聚焦老年人的政务办事高频事项，满足他们对服务的切实需要；整体视觉设计聚焦"简单"和"易懂"，帮助他们理解和获取服务；交互体验设计聚焦"智能"和"便捷"，消除他们的操作障碍。

用户体验

1.一位西渡区基层社区工作人员反映："一直以来，社区的老年人对了解政府政策和网上办事的需求都很强烈，特别是疫情防控期间，这个需求十分迫切。"

2.金海区90岁高龄的陆姓老阿公表示："虽然我是第一次使用计算机上网，但是，简单的交互界面、明确的办事事项和操作流程，让我短短十分钟就掌握了基本的操作。"

3.丰浦区李阿婆是一位退休医生，也是一位热心的公益志愿者，她体验后表示："此次的区政府政务服务为老年人提供的绿色通道，为广大志愿者引导出行不便的老年人了解政务服务，并为老年人逐步独立进行操作提供了有力支持。"

上海市奉贤区人民政府网站多功能辅助工具

上海市奉贤区人民政府网站视觉辅助部分效果示例

上海市奉贤区人民政府网站"长者专版"

老年人浏览上海市奉贤区人民政府网站

下篇 互联网网站

扫一扫，请听本节内容

案例 14

打造全体系网站智能化辅助工具，全面提升老年人的访问体验

用户需求

调研中发现，高对比度造成的网页区域界限模糊、用户辨识区域困难、区域内容描述性不够完善、指引用户操作的能力不充分、无障碍辅助工具未能覆盖计算机和移动端网站等问题，会导致老年人、残疾人用户不能完全理解网页内容。

解决方案与功能创新

针对网络改造时出现的网页区域界限模糊、内容描述不完善等问题，我们支撑和指导相关网站，提升网站辅助工具的智能化水平，苏州市人民政府网站根据用户障碍特征和迫切需要，进一步加强区域视觉界限和信息表现层级的识别，以及区域类型和服务关系表达的研究，创新打造全体系网站智能化辅助工具，满足老年人日益增长的智能化服务需求。

1. 智能描绘区域。 增加网页各内容区域和网页层级表现的识别模块，建立网页组件大数据库，设置层级区域色彩智能运算显示样式，提供智能化视觉表达方式。

2. 智能操作引导。 建立网站CMS目录体系与网页前端内容智能识别引擎协同工作机制，准确表达网站的信息关系和各区域的服务功能，为用户操作提供更加人性化的智能服务。

3. 网站全面覆盖。 将开发成熟的智能化辅助工具覆盖到网站的计算机端和移动端，使网页样式的层级表达更加准确，网页内容区域描述更加细致，以满足用户对于访问渠道和智能服务的需求。

技术应用

全体系网站智能化辅助工具的技术原理，一是对原有的网站辅助工具技术架构进行梳理，规划形成数据层、传输层、解析层和应用层4层服务架构；二是补充数据层网页模板数据和网页标签数据，支撑内容样式的大数据运算；三是规划传输层和解析层的工作通信机制，以避免不应有的冲突，提高解析效率；四是按照用户需求，设计智能化的交互界面和推送方式。

用户体验

1. 苏州市老龄委"数字适老"推广工作组的唐老师在进行全程操作体验后表示："就当前老年人的实际需求和目前的技术应用水

平来说，这次升级满足了老年人轻松浏览网站和使用不同终端的需求；同时，此次辅助工具提供的网页区域层次配色的差异化，使老年人及色盲、弱视和光敏感等低弱视力用户可以轻松辨识网页信息内容和网页的样式排版。"

2.苏州市盲人用户代表体验后表示："我体验过很多网站的盲人操作智能引导，现在的苏州市人民政府网的智能操作引导，更加准确、易于操作，更加细致、易于理解。"

苏州市人民政府网智能化区域分界和层级表达效果

数字惠民：互联网应用适老化及无障碍实践优秀案例集（2023）

苏州市人民政府网盲人用户操作智能引导

苏州市人民政府网
移动端关怀版通道

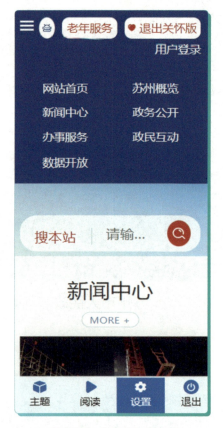

苏州市人民政府网
移动端智能化辅助工具操作台

下篇 互联网网站

苏州市人民政府网移动端智能化辅助工具设置界面

扫一扫，请听本节内容

案例 15

构建逻辑清晰、易学易用的人机交互友好界面，消除访问障碍

用户需求

通过走访老年人组织和社区老年人，开发人员发现，因界面交互复杂、操作流程不清晰，导致部分老年人、残疾人不会用、不能用和不敢用计算机或用手机浏览网站信息。他们急需一个元素简约、操作流程简洁一致、信息服务可见即可得的人机操作界面，从根本上消除他们访问终端时的心理障碍。

解决方案与功能创新

围绕老年人浏览网站时的需求，我们支撑和指导相关网站进行适老化及无障碍改造。经专家评选及老年人、残障人士评测，安康市人民政府网适老化样式风格一致，操作方式统一，可以兼容读屏软件，适老化及无障碍水平总体较高。

1. 适老服务"好用"。 按照工业和信息化部《互联网网站适老化

通用设计规范》，实现网站信息展现的扁平化、字体和图标的大型化，提升用户视觉感知，消除老年人理解和认知障碍。

2.老年群体"会用"。通过提供统一的网页布局样式、一致的交互方式、低微的学习成本，使理解能力下降的老年人和初次接触网络的用户快速了解和轻松掌握网站操作。

3.视障人士"易用"。严格遵循信息无障碍国家规范，结合《互联网网站适老化通用设计规范》有关智能技术指标，大幅提升了使用读屏软件的视障人士的上网体验和访问效率。

4.用户放心"敢用"。坚持"以人为本"的服务原则，加强服务的响应效率，提供多种服务版本，融入智能引导与纠错机制，避免服务中断和操作错误，确保用户用得放心。

技术应用

网站构建逻辑清晰、易学易用的<u>人机交互友好界面</u>。在需求侧方面：一是整体规划网站的信息服务展现形式；二是统一网站相关服务的操作流程；三是按照适老化规范整体编制适老化网页；四是提供多种形式的适老化辅助工具。在技术侧方面：一是编写全站的适老化网页样式，并对应到网站发布系统；二是规范统一相关服务的控件，以及数据的调用方式；三是引入成熟的网站适老化应用技术；四是按照规范对网站所有网页内容进行适老化及无障碍改造。

用户体验

1.不少老年人、残疾人在使用了安康市人民政府网站适老化、无障碍服务后，纷纷表示无障碍服务很温暖、很实用。安康特殊教育学校阳光学校某学生说道："安康市人民政府网站上每点一处都有语音朗读，还可以调节语速、字号、切换阅读方式等，感觉很方便，我能根据语音提示准确找到需要的信息，简直太棒了。"

2.某退休老干部在使用后说："无障碍模式对于我们老年人来说是非常方便的，浏览官方网站的时候很便捷，声音很清晰，方便我们了解时政信息，了解外边的世界，非常好。"

安康市人民政府网适老化网页主页效果

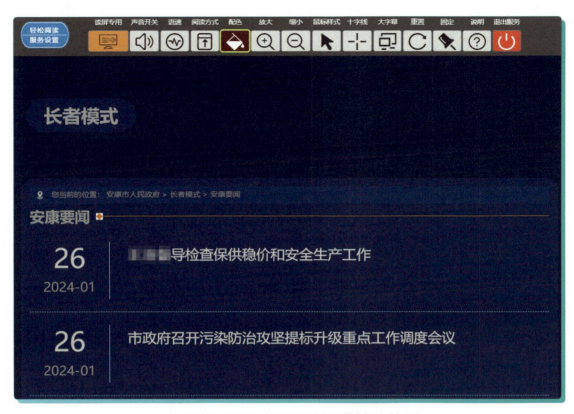

安康市人民政府网网页视觉辅助效果

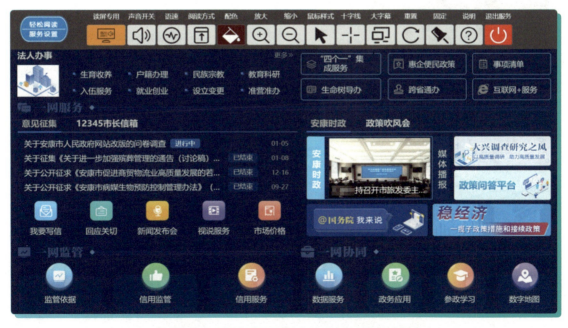

安康市人民政府网盲人无障碍读屏效果

安康市特殊学校学生体验安康市人民政府网

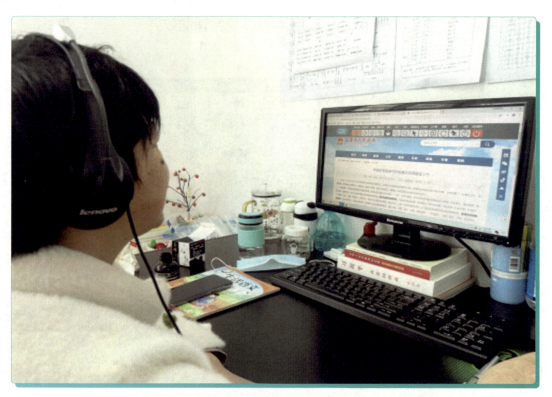

老年人用户体验安康市人民政府网适老化服务

4 优秀案例
残疾人组织

扫一扫，请听本节内容

案例 16

提供友好的交互操作，实现易用的用户体验

用户需求

山东省现有残疾人569.5万，广大残疾人对网站信息无障碍的需求较大，渴望便捷、安全地访问省残疾人联合会网站，及时知晓相关政策信息，办理相关业务。

解决方案与功能创新

为满足老年人、残障人士及时、便捷获取网站信息的需求，通过深入了解其日常使用习惯，我们支撑和指导相关网站进行适老化及无障碍改造。山东省残疾人联合会网站基于前期经验，遵照国家有关标准规范，融合适老化及无障碍技术要求，精准实施改造。

1.关注重点人群。全站网页的高标准无障碍技术改造，解决了视障人士长期以来无法充分访问网站的困扰，使视障人士的操作体验得到极大的改善，访问效率得到提高。

2.提升服务水平。全站网页适老化智能技术服务在帮助视力和认知低下的残疾人无障碍访问网站的同时，也为阅读能力和理解能力下降的老年人提供了便利服务。

技术应用

山东省残疾人联合会网站引入智能解析技术，实现原页面的适老化功能，支持低弱视力和阅读能力不足的人士访问，配置网站适老化及无障碍辅助工具，形成整体的适老化及无障碍服务体系。

用户体验

1.有关数据显示，山东省残疾人联合会网站改造后，用户的访问量成倍上涨，其中使用语音阅读的用户数量占总访问量的30%，其中，一部分健全人也频繁地使用轻松阅读功能。

2.山东省残疾人联合会网站适老化及无障碍服务上线运行后，邀请了各地市残联工作人员和视障人士参与操作体验，所有参与测试的用户对智能辅助工具的字体放大、特殊界面设置、色调调节、辅助线添加和语音等功能操作体验很满意。同时，使用读屏软件的视障人士对访问网站的效率和感知水平的提升也很满意。

山东省残疾人联合会网站智能无障碍工具效果

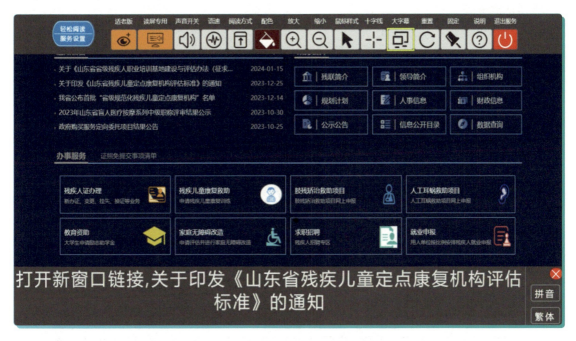

山东省残疾人联合会网站盲人读屏操作引导效果

山东省残疾人联合会网站适老化网页服务效果

扫一扫，请听本节内容

案例 17

桌面绿色通道，使残疾人从桌面直达网站

用户需求

长期以来，由于"看不见""看不清"，无法使用浏览器输入网址或通过搜索找到对应的网站，是大部分视障人士不能上网的重要因素。

解决方案与功能创新

为解决老年人和残障人士在浏览网站时遇到的"看不见""看不清"等问题，我们支撑和指导相关网站进行适老化及无障碍改造。贵州省残疾人联合会网增设桌面绿色通道，在计算机桌面提供直接进入网站的入口，帮助残疾人快速访问网站。

1.操作便利性。桌面绿色通道支持视障人士以鼠标单击或键盘快捷键操作，从计算机桌面直达网站。

2.功能完整性。用户通过桌面绿色通道进入网站，同样具备用户以浏览器方式访问网站的"轻松阅读""在线读屏""读屏专用"等全部适老化及无障碍功能。

技术应用

贵州省残疾人联合会网站的计算机桌面绿色通道，是在微软计算机操作系统下开发和运行的无障碍应用程序。其技术原理，一是通过内嵌主流浏览器内核，实现浏览网站的目标；二是将贵州省残疾人联合会网址作为首页，支持用户访问网站；三是提供支持鼠标和快捷键操作的计算机桌面图标，支持用户快捷访问网站。

用户体验

1.毕节市盲人按摩师覃老师在体验用快捷键进入网站后表示："过去上网都是通过浏览器收藏夹或搜索引擎上网，上网操作步骤多，查找网站也很麻烦，现在方便多了。"

2.遵义市某高度近视人士体验后表示："以往我都是通过浏览器放大设置功能进行操作上网，但在输入地址和查找网站方面仍存在一定的障碍，现在单击网站的桌面图标就可以快速访问网站，并可以直接进入自己所需的辅助服务版本，操作太智能、服务太人性化了。"

贵州省残疾人联合会网桌面应用程序入口

用户代表体验贵州省残疾人联合会网站